افشل بنجاح

بطاقة الكتاب

اسم الكتاب: إفشل بنجاح
المؤلف: أحمد فؤاد
التنسيق والإخراج الفني: سليل الفراعنة
تصميم الغلاف: إسلام عادل
المقاس: 21×14.8 (a5)
الطبعة الأولى: 2024
رقم الإيداع: 2024/3206
الناشـــر: دار صـــيد الخـــاطر للنشـــر والتوزيع

المدير العام: أحمد فؤاد
للتواصل: 0109 076 7919
العنوان: ميدان المساحة – الدقي – الجيزة

افشل بنجاح

للكاتب

أحمد فؤاد

While every precaution has been taken in the preparation of this book, the publisher assumes no responsibility for errors or omissions, or for damages resulting from the use of the information contained herein.

افشل بنجاح

First edition. August 17, 2024.

Copyright © 2024 أحمد فؤاد.

Written by أحمد فؤاد.

رسالة

إلى متى ستظل هكذا؟!
صدقا أجبنى؟!

إلى متى ستظل ملقى أرضا في داخلك بلا حراك، تركت نفسك إلى نفسك لتغرقك وانت تقف كالمشاهد لروحك وهى تغرق بلا حول منك ولا قوة؟!

تعيش داخل دوامة الأفكار، مكتفيا بها حياة، بعض ساعاتها تكون إيجابى بدون تنفيذ، وبعضها الآخر تكون سلبى بإتقان؟!

الكومفورت زفت زوون على دماغك قد طالت، والراحة أصبحت عندك أسلوب حياة، لا تستطيع أن تفيق لوقت طويل.

يا جدع إذا افترضنا أن هناك شخص قد دفع لك مال لكي تفشل وتستسلم لفشلك، لم تكن لتنجح في فشلك بهذا الشكل؟!

أرجوك أفق، أفق من أجل عمرك الذي سوف تسأل عنه يوم الحساب، بماذا ستجيب وقتها؟؟

كنت نائم،

وأوقات أخرى أحاول أن أنام،

وأوقات ثالثة لم يأتنى النوم،

وأوقات رابعة أهرب من فشلى بالنوم،

وأوقات خامسة وسادسة و........

هل هذا رد يليق بمسلم مؤمن أنه سوف يقف بين يدى الله عز وجل ليسأل عن عمره فيما أفناه؟؟ ولن أذكرك بماذا ستجيب على باقي الأسئلة؟! لأنه طالما طالت الخيبة هذا السؤال، فأكيد باقى الأسئلة ليس عندك لها جواب؟!

الحوار السابق ذكره في السطور الفائتة، يبدور داخلى منذ سنين، وكلما أواجه نفسى به أراها تسخر منى، وتوعدنى بحالة خيالية من الصحوة، وفجأة كأنك يا أبو زيد ما غزيت، سرعان ما أراها ترجع بى بعدد الخطوات التي تقدمتها سنة ضوئية عن كل خطوة؟! وكأنها تعاقبنى على محاولتى معى ومعها لكي نفيق مما نحن فيه؟!

هذا الحوار الداخلى أريد صدقا الخلاص منه، نفسى أرجع من تانى أرضى عن نفسى وعن حالى في قربى من ربنا، في علاقتى بنفسى وبمن حولى، في صلتى لرحم أنساها دوما، في شغل، في بيت، في زوجة وذرية وأب وأم مطلوب منى أن أعيش بهم ولهم،

كفى ما ضاع من العمر في أوقات وأوقات وأوقات،
وكأنها سنوات من التيه داخل نفسى ومع نفسى
وبنفسى؟!

يا ترى سوف أرتاح؟ الله أعلى وأعلم.. كل ما أستطيع قوله الآن أننى أشعر براحة وأنا أواجه نفسى حالا، أشعر بالراحة بجعلها عارية أمامى للمرة المليون، لكنى هذه المرة أنوى أن أفضحها أمامك أنت أيضا يا صديقى؟! أفضح كسلها، وفشلها، وفشلى أن أصلحها، أفضح نواياها السيئة تجاهى، تلك النوايا التي تريد أن تغرقنى بها، أفضحها أمامك يمكن تحس على دمها؟!

أو إن أردت الحق، يمكن أنا اللى أحس على دمى
وأفوق، واتعلم أفشل بنجاح زى زمان؟!

هذا الكتاب إلى نفسى، وإلى كل شخص ليس بقادر على أن يلتقط أنفاسه، من كثرة الظلام الغارق فيه بسبب سطوة نفسه عليه، لكل قلب خائف من الأمس، ويصاب بالجنون من نفسه في الحاضر، ومصاب بحالات رعب وهلع من بكرة، لكل عقل غرقان في أفكاره السوداء؟! ونفسه يفوق؟!

هذه الصفحات التي بين يديك هى رسالة منى إلى نفسى وإليك يا صديقى.. والله المعين والمستعان.

الفشل الذي فات اعتبره مات

بجد والله؟!

ألست كل يوم، أقصد كل لحظة بتختلى فيها بنفسك بتكتئب، من كثرة غيوم ضباب فشلك في سنين مضت وحتى الآن، تظل تلوم في روحك وتؤنبها بكل الأسئلة الوجودية، والتى يكون أبسط سؤال فيها كافى أن يميت ليس إرادتك فقط، بل يمتد ليشمل أى بصيص من نور لأى طاقة مزنوقة جواك، (حلو بصيص مع مزنوقة؟! متضحكش يا فاشل وركز في المعنى)

ممكن أكمل..، هذه الأسئلة الوجودية هى ما تدمرك، دائرة وبتدور فيها، من أول السؤال اللى ميتسماش ده، وهو: وبعدين؟!!!!!!!!!

ما انت لو عرفت وبعدين، لم تكن لتسأل هذا السؤال
لنفسك؟! ولم يكن هذا هو حالك، صح؟!

طبعا تعبت يا صديقى من كثرة علامات الإستفهام والتعجب، لكن فعلا الموضوع يستحق لكتاب نضع فيه فقط علامات استفهام وتعجب بدون جمل؟! مجرد علامات، يمكن حينما نفتح الكتاب وقتها ونلقى هذه العلامات نهدأ قليلا، لشعورنا بدوامة تلك الأسئلة تخرج منا دفعة واحدة، مثل موج يسابق بعضه البعض، وكل موجوة تعلو على سابقتها، لكي نشعر بعدها بشعور البحر بعد أن يهدأ الموج فيه؛

مياهه تصبح واضحة، ظاهر ما بداخلها من مجرد
النظر فيها من الخارج، لا وجود للحاجة للغوص
داخلها لكي تعرف ما بها، كله واضح بهدوء.

نكمل..، من بعد أن تكتب الكتاب (الملئ بالعلامات السابق ذكره) لكي نصفى، ويصفى داخلنا من دوشة سنين الاستسلام للفشل وأفكاره وبلاويه، نبدأ بعدها في كتابة الكتاب اللى حضرتك تمسك به الآن

وأنت محتار وسط سطوره، وتريد أن تصل إلى المعنى المختبئ في بطن الشاعر؟!

المعنى يا سيدى ويا سيدتى بمنتهى البساطة.. إهرب/ إهربى؟!

أنت ظللت سنين تهرب من نفسك إلى نوم، إلى مخدر، إلى أصحاب، أو مشاهدة مباراة كرة قدم، أو لفيلم، لدنيا تهرب بروحك فيها لكي تنسى الأسئلة الوجودية إياها،

مثلما مارست الهروب مرارا وتكرارلسنوات من عمرك، جرب أن تأتى بورقة فارغة، وشخبط فيها بكل الدوشة التي تملأ رأسك الآن، شخبط بأسباب، وبدون أسباب، بأسئلة وبدون أسئلة، شخبط ولا تنتظر من روحك جواب؟!

مجرد شخبطة فارغة غير قابلة للنقد أو للفهم أو منتظرة لجواب، شخبط واملأ الورقة بعلامات التعجب والإستفهام التي تشغلك، وبعد أن تفعل ذلك اطو الورقة وضعها في درج مكتبك وانساها قليلا؟! أو بالأحرى انساها كثيرا، وأول حاجة تنساها ذلك السؤال اللعين (وبعدين).

تمام كده.. قم الآن ولا تكمل قراءة هذا الكتاب، بكلمك بجد والله، تعلم أن تقضى وقت مع نفسك الفارغة من أسئلتها، اجلس معها وكأنك لست معها، لقد أخرجت كل ما يوجد داخلها من دوشة وأفكار خلاص، ووعدتها إنك هتتنيل تنظر عليها فيما بعد عشان متتنيلش تفتكر سؤال (وبعدين)، قم وقبّل يد والدتك ووالدك، إمرح وتجاذب أطراف الحديث مع أخوك أو أختك، قم بمكالمة أحد أقاربك، من الذين لا تتذكرهم سوى في العيد الصغير أو الكبير، جرب أن تفعل أى خير لله عز وجل، وانوى بيه إنك تطلب من ربنا أن يطيل مدة السكينة التي أنعم بها عليك بعد الشخبطة إياها، ويا سلام لو تقوم تصلى ركعتين، وتقول فيهما بقلبك وسط سجودك بقول سيدنا موسى عندما كان وراءه فرعون وجنوده ومن أمامه البحر(يعنى لا سبيل للفرار)، قد انقطعت به الحلول والسبل، وإذا بسبب قول جميل قاله بيقين بقلبه انشق له البحر، لعل الرحمن الرحيم بكن فيكون يهديك إلى ما فيه الخير لك

بفضله، وينشق ذلك الظلام الذي تشعر به، تعالى ندعى بما قاله سيدنا موسى عليه السلام..

﴿قَالَ كَلَّا إِنَّ مَعِيَ رَبِّي سَيَهْدِينِ﴾ [الشعراء ٦٢]

ولمن مازال مُصِر ويريد أن ينتهى من قراءة الكتاب حتى الجلدة الأخيرة، (اللى هو مادام صحيت لازم أتخانق) عندما قالها أخو أحمد حلمى في فيلم زكى شان عندما عاد حلمى وهو مرتدى جلباب ألبسه إياه اللصوص، لمن يريد أن ينتهى من قراءة الكتاب، ستجدنى منتظرك يا صديقى في الصفحات القادمة، والتى صدقا وأنا أكتب هذه السطور لا أدرى ماذا سوف أكتب لك في الصفحات القادمة؟!

* * *

الإجابة النموذجية

تربينا في المدرسة على طريقة الدروس المستفادة من كل درس، وعلى الإجابة النموذجية، بمعنى أن تكتب الدرس المستفاد بالظبط كما هو مكتوب في الكتاب، بنفس ترتيب الحروف والكلمات؟! وكأنك تنسخ رسمة، المفروض أن تكون رسمتك مثل الرسمة التي تنسخها بالظبط؟! وإلا سوف تنقص عدد من الدرجات، ليكون ذلك النقصان في الدرجات مبنى على حسب شطارتك في الفصل، ودرجة محبة الأستاذ لك، وبالطبع مبنى أيضا على درجة نقشك لجواب السؤال من كتاب المدرسة؟!

مطلوب منك أن تنقش جوابك تماما مثل كتاب المدرسة وإلا لن تكون إجابتك نموذجية، حتى وإن كنت جاوبت بنفس المعنى للإجابة الموجودة في الكتاب؟!

تربينا على ذلك، وتعودنا عليه، حتى انتقل ذلك التعود بشكل تلقائى لكل جانب من جوانب حياتنا، أصبحنا نبحث دائما عن الإجابة النموذجية في كل ركن داخلنا وحولنا، من أول علاقتنا بأنفسنا وبربنا وبمن حولنا، **ونسينا إننا أصلا مخلوقين** بصفة الضعف والجهل، وجحود النعمة وعدم شكرها، **مخلوقين** بصفات الخوف والهلع من المجهول، **مخلوقين** لكي نحاول أن نصل بكل تلك الصفات إلى تقويم أنفسنا، وذلك بعد محاولات كثيرة على مدار حياتنا لكي نصل بروحنا لأقرب نقطة في استطاعتنا لحدود الكمال،

مخلوقين لكي نسعى للوصول لأقرب جواب نموذجى في استطاعتنا وقدراتنا

لا يوجد جواب نموذجى موحد لكل واحد منا؛ لأن قدراتنا وتفاصيل حياتنا والإمتحانات التي نواجهها في الدنيا مختلفة على حسب حياة كل واحد منا وتفاصيله، وعلى حسب الأدوات التي أعطاها الله عز وجل له، والأدوات التي منعها عنه سبحانه وتعالى.

إيه ده.. يعنى مفيش إجابة نموذجية؟! يؤسفنى إنى أقولك أينعم

المثالية التي تربينا عليها في وسط أهلنا، اقعد ساكت عشان تبقى شاطر، كُلْ عشان تكبر، ذاكر عشان تنجح، وإذا لم تفعل ذلك لن تصبح شاطر ولا كويس (فى نظرهم طبعاً؟!)، ونسيوا ونسينا نحن أيضاً عندما كبرنا، أننا بنى آدمين ضعاف، وضعفنا هو سر قوتنا، لأن حضرتى وحضرتك كلما نتحدى ذلك الضعف، ونكسب نقطة في صراعنا للخير مع أنفسنا، كلما نقترب من الوعد الربانى بالهداية لسبل الله في الأرض،

﴿وَٱلَّذِينَ جَٰهَدُوا فِينَا لَنَهْدِيَنَّهُمْ سُبُلَنَا وَإِنَّ ٱللَّهَ لَمَعَ ٱلْمُحْسِنِينَ﴾
[العنكبوت ٦٩]

مثالية تربينا عليها في المدارس، الأول هو الشاطر وأصحاب المراكز التي تليه لا نهتم بهم، من يحفظ الكتاب من الجلدة للجلدة هو الجينيوس بتاع الكلاس، الذي لا يتكلم، ولا ينطق، ولا يبكى، ولا يشتكى، ولا يلعب، ولا يفعل دوشة، ولا يحتاج أن يذهب إلى الحمام ولا بيجوع في منتصف الحصص، هذا هو الشاطر جدا طبعا خالص؟!!!!

نسيوا ونسينا عندما كبرنا إننا لسنا آلات بنأخذ أوامر وننفذها زى الكتاب ما بيقول، الأول شاطر وكويس ومن بعده أيضا اجتهدوا في حدود امكانيتهم، ويستحقوا أيضا أن نهتم بهم ويتم تقديرهم على مجهودهم وسعيهم.

نسيوا ونسينا إن الحفظ بالرغم من إنه مطلوب في مجالات كثيرة طبعا، لكنه بدون الفهم من الممكن أن يكون أداة ضرر أكثر منها نفع.

نسيوا ونسينا عندما كبرنا إننا أطفال، غاويين نجرب كل حاجة بشغف واهتمام، **نسيوا ونسينا** الفضول الذي خلقنا الله عز وجل به، لكي نجرب ونعمر في الأرض كخلفاء لله عز وجل في أرضه.

مثالية وهمية تم حفرها داخلنا، وحفرت معها مبادئ وقيم ضد طبائعنا، إذن ما فائدة هذا الكلام؟؟ وما هى الرسالة التي أريد إيصالها لنفسى ولك يا صديقى؟!

11

الزتونة.. إن حضرتك والعبد لله من بعد الصفحات الفائتة، أخذنا شحنة حلوة للبداية، شحنة وهمية بإن سوبرمان وباتمان وسبايدرمان وكل الشخصيات الأسطورية الفولاذية التي بداخلك سوف تظهر إذ فجأة من تحت الغبار الذي التحفت به روحك في منطقة راحتك الدافئة على مدار ما فات من سنين عمرك، نسيت إن حضرتك كائن ضعيف، ونسيت إن الله عز وجل خلق الأرض في ستة أيام رغم قدرته بكن فيكون على خلقها في لحظة، لكن لعلها رسالة منه سبحانه وتعالى لعباده، **سنة الوقت،** إننا لكي نصل إلى أعلى درجات السلم، من اللازم أن نمر بكل درجاته، وكل درجة لها وقتها، وكل هذا لكي نستحق الوصول لأقرب درجة لنهاية السلم.

ما هذا؟! يعنى برغم تلك الشحنة السوبرمانية لن
أصل؟! جوابى لك سيكون أينعم..

أنت مخلوق للسعى فقط والنتائج بيد الله عز وجل، بمعنى أن كل شخصياتك الأسطورية التي ظهرت اعتقادا منك أنك ستصبح نموذجى في يوم وليلة، من مجرد قراءة بضعة سطور تحفيزية، **كل هذا هو اعتقاد ليس له أساس من الصحة؟! أيضا الجواب بأينعم.**

تقبل ضعفك، تقبل إنك لن تصل للإجابة النموذجية في كل ركن في حياتك، دائما سيبقى هناك نقص مطلوب منك معالجته، كسْر بداخلك أو حولك مطلوب منك أن تداويه، تقبل إنك مخلوق ضعيف مطلوب منك السعى قدر استطاعتك وقدر الوسع الذي أعطاه الله عز وجل لك، للوصول لأقصى درجة من القرب لحدود الكمال، والكمال لله وحده، وهذا هو النجاح الحقيقى.

النجاح الحقيقى هو إنك لا تتوقف عن السعى، تأخذ
بالأسباب المتاحة فيك وحولك، وترجو الخير من الله
عز وجل.

اليوم مثلا أحببت أن أبدأ التحدى مع نفسى بالصيام لله عز وجل، غلبتها بالصيام وغلبتنى نفسى بأنى نمت أغلب اليوم وصحيت تقريبا من بعد العصر، نجحت وفشلت، فشلت بنجاح إنى أصوم الصيام النموذجى، أو يمكن تكون نفسى بتضحك عليا كعادتها؟! عموما كله

سوف يظهر مع الأيام القادمة بإذن الله، لكنها خطوة في الطريق، ولعل القادم خير.

تذكر.. الفشل اللى فات خلاص بالنسبة لنا مات، تقبل ضعفك، لا يوجد شئ في الحياة إسمه حياة نموذجية.

أشوفك الفصل الجاى على خير يا صديقى..

* * *

خشبة المسرح

الممثل الذي يصعد على خشبة المسرح لكي يضحكك، بيقول كلام مكتوب في سيناريو متفق عليه مع باقى الممثلين، وحتى عندما يرتجل ويخرج عن النص يكون ذلك بقصد منه، وأوقات كثيرة يكون مخطط لذلك في رأسه، لكي يأتى بالنتيجة التي يتمناها وهى رسم الضحكة على وجوه الحضور، حتى لو تَطَلَّب منه ذلك الهدف أن يسخر من نفسه أو ممن حوله من الممثلين، وعادى لا يشعر بأى نوع من الإحراج وهو يفعل ذلك؟!

تخيل يا صديقى لو هذا الممثل، صعد على المسرح وهو ناسى النص المكتوب له في السيناريو، تخيل ماذا سيكون شكله حينها؟ عندما يحدث ذلك من بعض الممثلين على خشبة المسرح تراه محرج ومكسوف من باقى الممثلين، وظاهر عليه علامات الكسوف والإحراج أمام الحضور، وبالرغم من أن هذا الموقف بيكون أكثر إضحاك للناس، لأنه بيكون أكثر تلقائية، وبالرغم من إن الهدف وهو إضحاك الناس واحد، لكنه في هذا الموقف بيكون محرج، وكأنه فعل شئ غلط؟!

تخيل لو حضرتك، طلَّعت نفسك بنفسك على المسرح أمام من حولك؟!

ببساطة وأنا أكتب هذه الصفحات، ومن مجرد تخيلى إن من الممكن، فقط إحساسى بأنه من الممكن أن يقرأها أحد، هذا الإحساس صعد بى على خشبة المسرح؛ بالظبط مثل الممثل الذي صعد على خشبة المسرح وهو ناسى النص المكتوب له، صعد بدون هدف، صعد للناس لكي تشاهده وهو يحاول أن يخفى خيبته في إنه نسى كلمات الدور الخاص به، وقتها تراه بيحاول أن يتذكر النص، وسط مساعدة باقى الممثلين له، ووسط ضحكات الحضور الذين يشاهدوه، تراه يحاول أن يستعيد الكلام الذي كان من المفترض أن يقوله وفقا للدور الذي اختاره وأحب أن يؤديه.

خليك مثل هذا الممثل، وطلَّع نفسك على المسرح، انت عارف بداخلك ما الذي تريد أن تُقلع عنه؟ وما هى الشخصية التي تريد أن تكون؟ وما هى الحياة التي تريد أن تعيشها؟ وما هو الواقع الذي تريد أن تخلقه حولك؟ انت عالم تماما بكل إجابات هذه الأسئلة كويس جدا.

الموضوع فقط يحتاج منك ركعتين صلاة لله بنية الهداية في وسط طريق الحياة، لكي تعرف الهدف الحقيقى المطلوب منك أن تحققه في الدنيا، ركعتين لله بنية السداد منه سبحانه وتعالى لكي تصل إلى أقرب جواب نموذجى، وأقرب درجة سلم للكمال الذي مطلوب منك أن تحققه بعدما تخوض معارك ضد ضعف نفسك وضد الدنيا، ومن بعد انتهاء الركعتين هلا أكملتهم بجلسة على سجادة الصلاة بربع ساعة هدوء واستئناس بحضورك مع من بيده مقاليد أمورك وأمور الكون، من يدبر الأمر، وستجد نفسك بفضله وصلت لأول الخيط الذي تحتاجه في الوقت الحالى لكي تبدأ الطريق.

ولكن خلى بالك وهذا الكلام لى قبل أن يكون لك، التركيز مع الناس يكون بقدر الدور الذي تريد أن توصله في وسط المشهد الذي تقوم بتأديته، بمعنى كن مثل هذا الممثل بمجرد ما أن يترك خشبة المسرح بعد انتهاء شخصيته، بيتعامل عادى بدون حساب لمن حوله من باقى الممثلين أو الناس، هل تفهمنى؟؟

حدد هدفك وامسك أول الخيط في طريقك في الحياة، واختار الشخصية التي تريد أن تكونها، والواقع الذي تريد أن تعيشه، حدد العادات التي تحب أن تمارسها وتتقنها، والعادات التي تريد أن تتركها، وابدأ بعادة أو اثنين واصعد على خشبة المسرح بهم، حتى لو لم تكن تحفظ الدور الخاص بتلك الشخصية بعاداتها وطباعها بشكل متقن، حتى ولو لم تكن فاهم ملامح تلك الشخصية.

وابدأ دَوَّر جواك على صفات هذه الشخصية، بمعنى كيف تكون طبيعة تلك الشخصية عندما تضعها في هذا الموقف، ماذا ستفعل حينها؟ وكيف سيكون تصرفها وقتها؟ حافظ النص ولا مش حافظ، لا يهم، المهم أن تشرك من حولك في أهدافك البسيطة، لا أقصد أن تشركهم في التفاصيل، لا، إنما أقصد أن تشركهم في الهدف الأكبر لك، في عاداتك التي تريد أن تفعلها أو تمنتع عنها، في ملامح شخصيتك التي تتمنى أن تكونها وتعيشها، ومهم جدا أن يكون هؤلاء الناس رأيهم بالنسبة لك مهم، وشكلك أمامهم يهمك، وللتذكرة مرة أخرى الرأى والشكل يكون بقدر أهدافك وعاداتك وملامح الشخصية التي اخترتها وحددتها ورسمت تفاصيلها، وشاركتهم في الهدف الرئيسى لك.

أما بالنسبة للحسد وما شابهه، لن أنكر إن الحسد مذكور في القرآن ومنقول عن سيدنا محمد صلى الله عليه وسلم، لكن ربنا سبحانه وتعالى قال في كتابه

﴿قُل لَّن يُصِيبَنَا إِلَّا مَا كَتَبَ ٱللَّهُ لَنَا هُوَ مَوْلَىٰنَا وَعَلَى ٱللَّهِ فَلْيَتَوَكَّلِ ٱلْمُؤْمِنُونَ﴾ [التوبة ٥١]

وهناك أيضا أذكار الصباح والمساء لتحصين نفسك هى مهمة جدا يا صديقى، وانت لك عينان وترى وتفهم، ليس كل من حولك يصلحون أن تقول لهم كل شئ عنك وعن حياتك وبالأحرى أهدافك وخططك المستقبلية، كل واحد منهم له دور في حياتك، ورأيه بيكون مهم في حدود المعرفة التي ترى أنه يتمتع بها ويمتلكها.

مثلا لا تذهب إلى شخص ضائع تماما واهتماماته فقط بالدنيا، وتطلب منه أن يعينك لكي تصلى الخمس صلوات في المسجد؟! هو أصلا غير مدرك ولا فاهم معنى لذة القرب من الله عز وجل.

15

ولا تذهب إلى شخص غير مبالى بعمله ولا يفرق معه نجاح من عدمه وتشركه في هدفك بخصوصك وظيفة أو عمل تريد أن تشغله، هو أساسا عايش كده صباح الفل زى ما تيجى، بالعكس في هذه الحالة من ممكن أن يكون إشراكه في هدفك ضرره أكبر من نفعه لأنه سيحبطك، وسيتمنى إنك تفشل مثله، وأن تصبح عادى عايش عادى لا تشغل بالك بشئ مثله تماما، إلا إن كان هو أيضا بيحاول وبيعافر.

وللتذكرة مرة أخرى انت لك عينان ترى بهم وعقل تفكر به، وتقيم به الأمور، فلكل مقام مقال.

الزتونة.. حَدِّد مع ربك ملامح شخصيتك التي تريد أن تكونها، وطلّع نفسك بهذه الشخصية على المسرح أمام من يهمك شكلك في نظرهم، ولا يهم أن تكون حافظ النص أم لا، انت لازلت بتبدأ والخطأ وارد جدا طبعا، وتذكر جيدا أن تركز وانت تختار الجمهور الذين سيشاهدونك على خشبة المسرح.

حديث مع النفس

ياللى انت خنت الوعد..
ميت مرة ومرة..
نفسى اعيش الباقي منك..

بدون ما تبقى العيشة مرة..
نفسى احس براحة فيك..
نفسى اشوف أحلامى حرة..
ليه مُصِر تلوم في روحك..
واما تبقى رهن ليك..
عالحياة تيجي تساومها..
وليه مُصِر تعيب عليهم..
والحقيقه العيبة منا!!!!
* * *

الساعات الأولى

أصعب وأخطر عائق بتواجهه في خلق أى عادة جديدة فيك، أو تغيير أى عادة سلبية أو مسحها إن كانت خطأ أو تغضب الله عز وجل، العائق هنا هو البداية (هو الساعات الأولى في اتخاذك لقرار هذه العادة)، تجد نفسك مثل الطفل الصغير؟! الذي كان هناك سكاتة (بزازة) في فمه لكي يسكت؛

بيعلو صوتها، وتصرخ، وتحزن، وتبكى، وتعملك
دوشة في كل ركن في دماغك،

لكى تفقدك الراحة، وتجبرك في النهاية أن ترجع عن قرارك، وتؤجل تنفيذك للقرار، وتسوّف فيه لكي تُشعر نفسك إنك أنت المسيطر وليست هى التي فرضت كلامها وهواها عليك!!

فنصيحتى لك.. في بداية تغيير أى عادة أو طبع فيك، تقبل مشاعر الحزن والكآبة، والتى تصل بك إلى نهاية العالم، تعامل عادى ولا كأنك تراها، تقبل وجودك في هذه الحالة.

تخيل.. كإنك مضطر وفجأة إنك تعيش مع مدمن، وفى غرفة واحدة، ليس هذا فقط، ولكنه مدمن في أولى ساعات الامتناع عن إدمانه، فستجده بيكسر كل حاجة حواليك،

ششششششششش انت عادى

الموضوع طبعا صعب لكنه ليس مستحيل، ودائما تذكر طول ما نيتك تغيير روحك ونفسك للأفضل، ولما يرضى الله، فستجد العون والمدد والغيث من الله سبحانه وتعالى، ستجد المدد الذي سوف يقويك في لحظات ضعفك وتعبك من كثرة زن نفسك عليك وربنا يعيينك يا صديقى على ما هو أعلى وأعلم بيه عنك اللهم آمين يارب العالمين.

* * *

قل أعوذ برب عالم

علمنى أرجع أحب تانى..
رجعنى تانى أكون برئ..
مش عمرى كان فات منه لحظة..
واهى لحظة جاية تجر غيرها..

حزن ساكن جوة فرحة..
وفرحة مش معلوم مصيرها..
ومرة واحدة تلاقى عمرك..
عالحياة بيبدأ يضيق..

ورغم اللى عشته واللى عاشك..
لسه فيك الضحك طالع..
لسه فيه جواك طريق..

يمكن أحلى من اللى شفته..
بس جرب حب نفسك..
خلى نفسك ليك صديق..

وان في مرة جت تساومك..
قل أعوذ برب عالم..
باللى فيها.. وباللى فيك..

*** * ***

إحمد ربك

وانت تطبق ما تكلمنا بخصوصه في الفصل السابق على نفسك، صدقنى لن تلقى الدنيا منتظراك لتأخذك بالحضن؟! وكوكب الأرض لن تلقاه بيطبطب عليك؟! ولن تجد الجماد من حولك بيزغرد مثلا عندما تنجز شئ كنت مأجله بسبب خوفك أو كسلك، **بالعكس؟!** ستلقى الامتحانات والابتلاءات بتزيد، لكي يظهر معدنك الحقيقى، بمعنى هل أنت مثل الماء الذي يبقى وينفع الأرض، أم أنت مثل الزبد سيل كثير يذهب جفاء بلا نفع؟! معدنك ذهب سوف يقوى بالنار ويلمع أكثر، أم أنت مثل الشوائب التي تحيط به من الخارج، تذوب من النار لا أكثر؟!

﴿أَنزَلَ مِنَ ٱلسَّمَاءِ مَاءً فَسَالَتْ أَوْدِيَةٌ بِقَدَرِهَا فَٱحْتَمَلَ ٱلسَّيْلُ زَبَدًا رَّابِيًا وَمِمَّا يُوقِدُونَ عَلَيْهِ فِى ٱلنَّارِ ٱبْتِغَاءَ حِلْيَةٍ أَوْ مَتَاعٍ زَبَدٌ مِّثْلُهُ كَذَٰلِكَ يَضْرِبُ ٱللَّهُ ٱلْحَقَّ وَٱلْبَاطِلَ فَأَمَّا ٱلزَّبَدُ فَيَذْهَبُ جُفَاءً وَأَمَّا مَا يَنفَعُ ٱلنَّاسَ فَيَمْكُثُ فِى ٱلْأَرْضِ كَذَٰلِكَ يَضْرِبُ ٱللَّهُ ٱلْأَمْثَالَ﴾ [الرعد ١٧]

((ثم ضرب الله سبحانه مثلًا للحق والباطل بماء أنزله من السماء، فجَرَت به أودية الأرض بقَدَر صغرها وكبرها، فحمل السيل غثاء طافيًا فوقه لا نفع فيه. وضرب مثلًا آخر: هو المعادن يوقِدون عليها النار لصهرها؛ طلبًا للزينة كما في الذهب والفضة، أو طلبًا لمنافع ينتفعون بها كما في النحاس، فيخرج منها خبثها مما لا فائدة فيه كالذي كان مع الماء، بمثل هذا يضرب الله المثل للحق والباطل: **فالباطل** كغثاء الماء وخبث المعادن يتلاشى أو يُرمى؛ إذ لا فائدة منه، **والحق** كالماء الصافي، والمعادن النقية تبقى في الأرض للانتفاع بها، كما

بيَّن لكم هذه الأمثال، كذلك يضربها للناس؛ ليتضح الحق من الباطل والهدى من الضلال)) _**تفسير السعدى**_

أنت من فيهم؟! ستجد أنك عادى تعيش مثلنا كلنا في وسط مشاكل وابتلاءات كثيرة، سواء من الناس التي حولنا أو بيننا وبين أنفسنا أو حتى على مستوى الأهل، ودائما هذه المشاكل بتتعبنا وتأخد من طاقتنا وبتسحب منها، وفى أوقات أخرى يصبح الواحد منا من كثرة ضغط الحياة بينسى إنه يعيش أصلا.

لا يوجد عندك طاقة لتضحك بها، ولا أن تتكلم بها، لا يوجد عندك طاقة في أوقات ضغطة الحياة إنك تعيش!!!

لأن طاقتك للأسف بتكون مسحوبة في إنك بتدور على حلول لمشاكلك، وهذا في حالة لو كنت معاليك متفائل، أو إن كنت ممن يفكر في المشكلة، بيعيد ويزيد فيها مرار وتكرارا، وتفكيره مشلول على قراءتها فقط، وهذا للأسف بيكون تفكيره سلبى.

وكلنا داخلنا الشخصين؟! الشخص الإيجابى والشخص السلبى، ونحن الذين نقرر في واقع الأمر من فيهم سنجعله يسيطر على الآخر، ويظهر على الجزء الأكبر من شخصيتنا وبالتالى على حياتنا...

ركز للكلام الآتى.. لأنه ليس مجرد كلام تنمية بشرية (رغم إنى بحبه)، إنه كلام أنا بنفسى جربته وشعرت بنتيجته، وأحببت أن أشارك فضل الله عز وجل على ما أكرمنى به في هذه العادة مع من ينتظر منكم رسالة ربنا له وسط سطور هذا الكتاب، والذى من الممكن أن يجعلنى الله سبحانه وتعالى سبب فوصولها لقلبك.

جرب أن تخلق عادة الحمد لله في يومك؛ أن يكون عندك نوتة صغيرة لن تأخد منك أى مساحة لكي تسبب لك الكسل في حملها، اجعلها معك طول الوقت وثَبِّت وقت معين وليكن قبل أن تنام لكي تحمد ربنا فيها..

تحمده؛ على مواقف حلوة مررت بيها في يومك، على إحساس من جواك قوَّاك في وقت ضعف شعرت به، على ضحكة من شخص غريب أنستك هم كنت تفكر فيه، أو على رسالة من ربنا عن طريق آية لفتت سمعك إليها في لحظة تفكير في موضوع وكأنها رسالة من الله

21

تعينك على ما تمر به أو توضح لك الحل بخصوصه، تحمده على آية بتقرأها وكأنها موجهة لك، إحمد ربنا في هذه النوتة على جلستك وسط أهل بيتك في طاعة لله، **إحمد ربنا على أى موقف يحدث لك على مدار اليوم.**

إذن بعد أن تفعل ذلك ما إلى سيتغير؟؟؟ بعيدا عن فضل فعلك في الآخرة وهى الدار الخير والأبقى، وبعيدا أيضا عن فضل حمدك وثوابه، لأن ربنا أمرنا بحمده في آيات كثيرة في القرآن، لكن هنا سأتكلم عن الإحساس الدنيوى الذي من الممكن أن نبسطه في النقاط الآتى ذكره:

١- سوف بيتحسن تفكيرك بشكل ربَّانى للشخص الإيجابى الذي بيبدأ أن يرى في كل مشكلة شئ يحمد ربه عليها، شخص يرى في كل ضغطة للحياة أو إبتلاء عطاء من ربه، أو درس يتعلمه حتى وإن كان هذا الدرس هو أن يتعلم الصبر وهذا في حد ذاته ثوابه عظيم جدا.

٢- عينك أصبحت ترى الأشياء الحلوة حتى لو كانت بسيطة، تعودت على هذا، تعودت أن ترى نعم ربنا حولك وأن تسجلها.

٣- الموضوع بيكبر معاك وبتبدأ تدَّور على الأشياء التي تحمد ربنا عليها حتى وإن كانت إنه جعلك سبب في فرح أو ضحكة تترسم على وجه شخص غريب.

٤- إحساسك بالرضا عن أى شئ يحدث لك، سواء حزن أو فرح، لأنك واثق في كرم ربنا وشايف نعمه في أشياء كثيرة جدا حولك، لتصبح في عز تعبك راضى من قلبك وحامد وشاكر لله عز وجل وواثق إن واهب هذه العطايا كلها لا يقصد أن يدخلك في حزن حاشاه عز وجل، هو إما يريد أن يطهرك من ذنوب فعلتها، أو إبتلاء لدرس لتتعلمه، المهم إنك بتكون متأكد من رحمته وبتبحث على اليسر الموجود في وسط العسر.

٥- في أوقات الضعف التي سوف تحدث لك بحكم إنك بنى آدم هكذا خلقت ضعيف كما قال الله عز وجل، وبحكم إن الشيطان لن يتركك لتحيا دون وسوسته، وقتها تجد نفسك مسرعا إلى النوتة لكي تقرأ الكلام المكتوب بخط يدك فيها من مواقف حمدك لله عز وجل، وهنا لا توجد إلا حالة واحدة تشعر بها وهى إنك تكون مطمئن جدا.

مطمئن جدا لأن ربنا كان موجود في كل ابتلاء
مررت به،
كان معاك بيهوّن وبيقوّى،
كان معاك في كل خطوة،
وهنا حرفيا بتحس خوفك وكأنه لم يكن..

فالله إجعلنى وإياكم ممن يحمدون الله ويشكرون فضله في السراء والضراء، فهو أعلى وأعلم بما فيه الخير لنا، فاللهم وفقنا لما تحبه وترضاه، اللهم إن كان بى من نعمة أو بأحد من خلقك فمنك وحدك لاشريك لك فلك الحمد ولك الشكر، وأخيرا ليس لى من كل هذا الكلام من شئ، فالله وحده من له الفضل، وما توفيقى إلا بالله العلى العظيم اللهم آمين آمين آمين يارب العالمين.

حبة حروف

مالها الحياه؟؟
دوَّر على الحلو اللى فيها وبص شوف..
متسبش أحلامك بإيدك الظروف..
واخلق بنفسك ألف فرصة للهروب..
للمستحيل..
واعرف بإن الكلمة ادامك دليل..
مخلوقة من حبة حروف..
متجمعين..
* * *

لا تنام

تقريبا منذ ٥ أو ٦ سنوات، لا أستطيع أن أنام إلا وأنا مُنهك _خائر القوى_ ذهنيا وبدنيا، إما بسبب شبع من المخدرات أو بسبب شبع من الأكل

حتى التخمة لأقصى حدود ما فوق الاستطاعة، وصولا لحدود العقل حينها لا يصبح قادر أن يتحمل وجوده فيها، فيضغط وقتها العقل على نفسه لكي ينام، هاربا من حالة هو بنفسه أدخل نفسه فيها لكي يستطيع النوم؟!

الغريب إن هذه الحالة والتى طبعا كان سببها صدمة نفسية في التعامل مع ناس كانوا غاليين عندى جدا، والحمد لله على كل حال لا وجود لهم

في حياتى الآن، وهذا الذي سبَّب صدمة كبيرة لى، صدمة لم يستطع قلبى ولا عقلى أن يواجهوها، وعلى مدار سنين كانوا بيوهمونى إنهم بيحاولوا إنهم يواجهوا تلك الصدمة، تارة بالمخدرات والتي تحولت بعد ذلك لعادة لكي طبعا أستطيع أن أنام، وتارة أخرى بالكثير من العمل بهدف وبدون هدف، بمعنى تضييع وقت اليوم في العمل وباقى اليوم يبدأ عقلى بتغييب نفسه بنفسه لكي نستطيع النوم؟!!

هروب مخيف من الواقع، هروب على مدار سنين أوصلنى لمرحلة إدمان لعادات من أكثر الأماكن المظلمة داخلى، وللأسف ظهرت تلك العادات على سطح حياتى كنوع من أنواع الدفاع عن النفس؟! وهو في الواقع نوع من أنواع الهروب من الواقع بتدمير الذات وتغييبها، تغييبها لأنها غير قادرة على إيجاد حلول لغياب أناس كانوا موجودين في حياتى؟!

عادات كثيرة خاطئة تحول هدفها بعد سنين من ممارستها لهدف واحد اجتمعت عليه، وهو إنى أنام لكي أبدأ اليوم الجديد بنفس الروح؟! وهى روح الهروب من الواقع بقصد تغييره مستقبلا؟؟! والغريب إننى كنت أصَدِّق نفسى؟؟!

منذ عدة أيام كنت أتكلم مع صديق لى ليس بغرض الشكوى، كنا بنتكلم عادى ولا أعرف لماذا حكيت له عن عادة جديدة ليا عشان أعرف أنام، وهو المنوم؟! نوع جديد من المخدرات ولكن إسلامى؟!! بحكم طبعى الجديد الذي رزقنى به الله عز وجل بالقرب والخوف منه، وإنه أكرمنى وأقلعت عن عادة المخدرات، لكن عادة النوم مهدود_خائر القوى   للأسف كانت سيطرت عليا على مدار سنين، ليس هروب ولكن أصبحت عادة، وكأنى نسيت جواب سؤال لماذا كنت أهرب؟؟ ومن أى إحساس كنت أهرب؟؟ لكن لأن المخدرات أصبحت أراها بفضل الله حرام فأقلعت عنها لذلك قرر عقلى أن يوجهنى للمنوم وكأنه ليس حرام!!

يعنى هروب ولكن بشكل إسلامى إن كان يصلح تشبيهه بذلك، لكنه مازال هروب، وكالعادة نفس شروط أى عادة عندما تتعود عليها بتبدأ غصب عنك وبشكل غير إدراكى تزيد في جرعات تلك العادة، تزيد من جرعاتها لكي تصل لإحساس نهايتها بسرعة، تستزيد منها وانت لا تملك جوابا واضحا عن لماذا تفعل في نفسك ذلك؟!! انت تعودت

للاسف على العادة والعادة بدأت تعتاد عليك أيضا وتزيد من إحساسك بها لكي تستزيد منها؟!!

أصبحت كل ما أفكر فيه إني لابد أن أنام مهدود مستنفذ قواى الذهنية والبدنية، وفى الوقت الذي أقرره!! هذه العادة لم آخذ بالى منها إلا عندما وجدت صاحبى وأنا بحكيله وهو بيقول لى.. **متنامش!!**

صراحة الكلمة أفاقتنى تماما، وكمِّل كلامه بجملة..

سيأتى وقت والفيشة تتشد لوحدها وهتنام!!!

أحيانا مجرد فكرة صغيرة تتسلل إلينا نتيجة صدمة، هذه الفكرة تولد داخلنا عادات، بحجة إننا بنحل المشاكل التي بداخلنا والحقيقة إننا بنضحك على روحنا وبنخدع روحنا ونحن أصلا بنهرب، هروب بيولد عادات نعتاد عليها وتعتاد علينا، عادات _بحكم طبيعتها_ بنبدأ نزيد فيها بشكل لا إرادى، وبعد مرور فترة من ممارستها بننسى أصلا لماذا كنا نفعلها، وحتى وإن كنا فاكرين سبب فعل تلك العادات فالإحساس بهذا السبب لا يكون وقعه داخلنا مثل أول مرة شعرنا به، لا يكون بنفس درجة قوته فينا وقت بدايته، لكن للأسف حينها تصبح العادة التي ترتبت بسببه عميقة بجذورها داخلنا، أصبحت جزء من أسلوب حياتنا التي اعتدنا عليها؟! وفى حالتى هنا مجرد فكرة إنى عاوز أنام وبسرعة يبقى لازم أنام مهدود؟!! وجاء جواب صديقى لينقذنى من تلك العادة السلبية، جاء جوابه شافيا لما عانيت منه مع اعتيادى على تلك العادة، جاء جوابه بهدوء (ليس من المفترض أن تنام في وقت بعينه خصوصا في بداية تنظيم وقت نومك).

الزتونة.. واجه خوفك في إنك تظل صاحى، واجه أفكارك السوداء التي كنت تهرب منها وتعودت على ذلك، ليس من اللازم في البداية أن تسمع لتلك الأفكار السوداء، انت فقط ابدأ بالعادة السلبية الرئيسية، ابحث عنها، حلِّل سنين الخوف داخلك وانظر للعادات التي تكونت بسبب هذا الخوف، واسمع لمن حولك، لمن يكون همهم إنهم يرشدوك للطريق الصحيح، ليس للذين يسمعونك فقط وفى الآخر تسمع الكلمة التاريخية لنهاية أى حديث عن أى مشكلة نفسية بتمر بيها وقررت تحكيها، أو مشكلة ملهاش حل وهى..

(معلش!!!).

* * *

إنصح تُنصح

سبحان الله.. عندما تنصح أى شخص لوجه الله، ولا تقصد بنصحك له أى مصلحة دنيوية من رد جميل، أو للتفاخر بمعلومة أو خبرة ربنا أكرمك بها عنه، بمعنى أنك عندما تنصح ابتغاء وجه الله سواء كانت النصيحة في علاقته بربنا من عمل طاعات وابتعاد عن محرمات، أو كانت النصيحة بخصوص خبرات في الدنيا، عندما تفعل ذلك من قلبك وبقلبك وانت قاصد فعلا ان يصل كلامك إلى روح وقلب هذا الشخص الذي تنصحه، ليس مجرد كلام تقوله من غير روح ولن يفرق معك إن كان سيلمس قلب وعقل من تنصحه.

دعنا نرتب كلامنا الفائت المتصف بالتعجل.. بتنصح حد، لوجه الله، لا تنتظر منه أى شئ، نصيحة في الدين أو في الدنيا، نصيحة من القلب للقلب، نصيحة بنية تغيير حقيقى لمن تنصحه، وحتى لو كنت انت نفسك لا تعمل بتلك النصيحة (ليس كل شخص عنده معلومات بيستطيع أن يطبقها على نفسه!!)

عندما تفعل ذلك فإن ربنا سبحانه وتعالى بيرزق
عقلك الفهم وبيرزقك فتح في قلبك بتطبيق هذه
النصيحة على روحك؟!

ربنا كريم عندما يجدك بتسند عبد من عباده بأى شئ بيردلك هذا الخير من جنس العمل، فعندما تنصح عباده هينصحك، وجميلة أوى النصيحة من الله عز وجل لأنها بتكون مصحوبة بالتوجيه وبحول من

الله عز وجل وقوة على التوفيق لعمل التطبيق العملى للنصيحة سواء في دينك أو دنياك.

جميل أوى ربنا يا جماعة، وجميل توليه بالنصائح التي يهدينا لها، منذ فترة طويلة تقريبا ٣ سنين وأنا بمر بمرحلة صعبة في عدم إيجاد روح للحركة في الدنيا للدنيا، وهذا الموضوع برغم إنه مأثر على أشياء كثيرة في حياتى، لكن أعتقد إن أصعب جزء مأثر عليا فيه هو علاقتى بنفسى، برغم إني بفضل الله قرأت كتب وعندى بفضل الله وحده من المعلومات التي أكرمنى الله بها، لكي أعرف أبدأ وأحل مشاكلى، لكن سبحان الله المعلومة موجودة لكن التوفيق لتطبيقها على أرض الواقع غير موجود، وحتى إذا تواجد الحافز لا يدوم والحمد لله لا أعلم سبب بعينه لما يحدث لى.

لكن كنت اليوم جالس مع صديق لى، نتجاذب أطراف الحديث حتى وجدتنى أنصحه، وأذكر له بفضل الله وحده من المعلومات والأفكار التي بها يستطيع أن يتحرك إذا فكر وأحب أن يبدأ، وغالبا كل المعلومات التي ذكرتها له كنت محتاج لمن يذكرها لى، محتاج أسمعها، محتاج شخص يأخد بيدى ويرشدنى لطريقها.

سبحان الله من رحمة ربنا بنا إنه أمرنا بالأمر بالمعروف والنهي عن المنكر، برغم إنك لو فكرت ثوانى ستجد أننا كلنا بنخطأ ويمكن أوقات كثيرة بننصح غيرنا ونحن أولى بالنصيحة منهم، لكننا مأمورين بالنصح حتى لو كنا لا نفعل ما ننصح به، وسبحان الله عندما نفعل ذلك فإن النصيحة التي نقولها بتوصل داخلنا وبيكون لها صدى داخل روحنا، بتقوَّمنا، بتنوَّر داخلنا نور الروح الذي كان منطفئ بسبب ذنوب كثيرة طبعت في قلوبنا، بتنوَّر داخلنا نور الروح الذي كان منطفئ بسبب دنيا مليئة بهموم واختبارات وابتلاءات قاصدة أن تتوهنا وتبعدنا عن طريق الحق وهو الطريق اللى بيوصلنا لله عز وجل.

ومن أجل ذلك يمكن من رحمة ربنا سبحانه وتعالى بنا إنه جعلنا نأمر بعض بالمعروف وننهى بعض عن المنكر لأن نصيحتنا نذكر بها أرواح بعض التي أحيانا تكون منطفئة داخلنا وتائهة من غير هدف، ومن كثرة دوشة الهموم داخلنا تصبح حتى الأفكار من الممكن أن تكون أمامنا ونكون غير قادرين أن نطبقها، فاللهم لك الحمد على نعمة تذكير بعضنا البعض بالمعروف ونهى بعضنا البعض عن المنكر.

وسبحان الله حتى وإن كان تأثير النصيحة لصاحبى مؤقت سواء كان عندى أو عنده، لكن يكفى النور الذي لمس قلوبنا بفضل الله والذى أنار داخل أرواحنا المتعبة من كثرة الظلمة التائهة فيها، ومن يعلم لعل في لحظة نور هذه النصيحة تكون بداية لطريق جديد ربنا هيكرمنا به الفترة القادمة، وظنى بك يارب العالمين خيرا بفضلك وبإذنك يا الله فاللهم أكرمنى بحسن ظنى بفضلك يارب العالمين فيما هو قادم اللهم آمين يارب العالمين.

مراجعة ليلة الإمتحان

ياللى ناسى ليك مراجعة
وسط سطور جاية بكلام
فضلا منك وليس أمرا
اقرأها وبتركيز كمان

أصل عارف طبع قلبك
لينا في النسيان زمان
زى طبع أبونا آدم
أما وسوسله الشيطان

راح مقرب راح مجرب
كان له من النسيان نصيب
واتخلقنا زى أبونا
فى طبعنا النسيان صديق
مش مصدق؟!
بص جوه كل صفحة

من كتاب الله الكريم
هتلاقيها فيها مشهد
للى راح ارتاح في داره
فى وسط جنة
واللى متخلد في ناره
أكله فيها _والعياذ بالله_ من حريق

وبمجرد لما نقفل الكتاب
بالمعاصي نقوم نزيد!!
شفت بقى يا صديقي اننا
لينا من النسيان بريد
بنفتحه مع كل فتنة.. بتقابلنا
فينا اللى غاب فيها وتاه
واللى ربنا اختاره بفضله واجتباه
باختصار هى رحمة ربنا
يؤتيها بفضله.. لمن يريد
وزى ما قال سبحانه في كتابه الكريم

{ وَلَوْلَا فَضْلُ ٱللَّهِ عَلَيْكُمْ وَرَحْمَتُهُ لَٱتَّبَعْتُمُ ٱلشَّيْطَنَ إِلَّا قَلِيلًا }

[النساء ٨٣]

ونختم طبعا لما قال سبحانه ربى..

{ فَذَكِّرْ بِٱلْقُرْءَانِ مَن يَخَافُ وَعِيدِ } [ق ٤٥]

بسم الله تعالى نراجع سويا ما ذكرناه في الفصول السابقة:

١- كل المطلوب منى ومنك إننا نتعلم ونفهم ونصدق إن الفشل الذي فات نعتبره بالنسبة لنا مات.

٢- أن نسعى للوصول لأقرب جواب نموذجى في استطاعتنا وقدرتنا.

٣- لا يوجد جواب نموذجى موحد لكل واحد منا.

٤- تقبَّل ضعفك.

٥- أنت مخلوق للسعى فقط والنتائج بيد الله عز وجل.

٦- حدِّد مع ربك ملامح شخصيتك التي تريد أن تكونها، واصعد بنفسك بهذه الشخصية على المسرح أمام من يهمك رأيهم فيك.

٧- تعلَّم أن تتعايش مع زن الساعات الأولى من إقلاعك عن عادة سيئة أو خلقك لعادة حسنة.

٨- تعلَّم أن تستعيذ بالله من شرور نفسك ومن سيئات أعمالك، لأنك لا حول ولا قوة لك دون عونه وتوفيقه وحوله وقوته سبحانه وتعالى.

٩- تعوَّد أن تجعل حمدك لله عادة، دوِّر بعيون قلبك على نعمه فيك وحوالك، وهتلاقيها لا تعد ولا تحصى، هيهون بيها ابتلاءات طريقك الحياة.

١٠- جمَّع حروف روحك ونفسك المبعثرة جواك، في وسط الظلمة، وكوِّن منهم كلمة تنشأ بيها صفة تتحدى بها تشتتك وضعفك، وترى بها من تانى الحلو في الحياة فيما حولك وفى داخلك.

١١- ولا تنسى أن تتذكر إن النوم سيأتى وقت والفيشة تتشد لوحدها وهتنام!!!!

١٢- ساعد من حولك واسندهم، واقف جنبهم بنصيحة، بضحكة أو بكلمة أو بفكرة، أو بالذى تستطيعه المهم إنك تكون سبب في إنهم يعدوا من ما يمروا به لكي يرده ربك هذه المساعدة عندما تقع أيا كان وقوعك ما سببه؟؟ مع قلبك أو عقلك، في بيتك أو في عملك، وإن كنت انت نفسك بتقع إسند من وقع بالفعل، أيوه قوِّمه بجد عشان إحساسك بعظمة الخالق في رد جميلك لعباده وسندتك لمَن تجده محتاج لك منهم، هذا الرد من الله عز وجل وسيناريوهاته وكيف سخر عباده من أجلك له إحساس يعجز الكلام عن وصفه والغريب انه بيبقى عندك أحلى وأغلى وأعظم من نجاحك وانت بتعدى الأزمة.

31

* * *

رسالة من تحدى زمن فات
كلاكيت البداية رقم ١٠٠

لست أدرى لماذا أتفاءل ببداية يوم جديد وخصوصا رأس الساعة وتحديدا الساعة ٦ الصبح والساعة ١٢ منتصف الليل، أشعر أنهم أوقات أستطيع أن أبدأ فيهم وأقلع عن أى عادة سيئة أفعلها.

وياحبذا إن كنت صايم، الروح والتحدى داخلى للتغيير بيكون أقوى بحول الله وقوته، وأنا صايم بنية إنى أقلع عن عادة سيئة، والتى غالبا ما تكون ذنب أو مباح بيمنعنى وبيكسلنى عن طاعة، عندما أصوم بهذه النية أشعر حرفيا إن ربنا معى وإنى بحوله وقوته أقوى من أى ذنب حتى وإن كنت قد فعلت الذنب منذ دقايق!!

مجرد آذان الفجر الذي يفصل بين إفطار وصوم يجعلنى أشعر أنه آذان لبداية جديدة وحلوة ومليئة بمواقف وذكريات جميلة، بداية تستحق إنى أسعى وأتعب لكي أحافظ على ما أمدنى الله به من حماس وطاقة، أمدِّنى بهم في بدايات صومى واللذان يتحولا بعد ذلك إلى واقع أعيشه راضيا سعيداً بفضل الله.

أذكر لك يا صديقى هذا الكلام وأنا كنت أنوى الصوم اليوم وفشلت!! وأعترف لك أنى لازلت ملقى أرضا في داخلى وتائه جدا!!

لكن سبحان الله مثلما قلت في السطور الفائتة، وَقع الساعة ٦ صباحا عليا حلو وله معى ذكريات جميلة هو والصوم، أحببت أن أحكيها لك يا صديقى ليس مجاهرة بذنب والعياذ بالله ولكن لتذكير نفسى بأوقات كنت فيها قوى بالله وربنا أكرمنى واستطعت إنى أترك عادات كنت أعتقد إنه من المستحيل إنى أتركها، لكن بفضل الله ربنا أكرمنى وقدرت؟! أحكيها لك يا صديقى عساها تكون دفعة لقلبك لتبدأ الطريق أو لتعينك على استكمال ما بدأت بالفعل، أو لعل بين حروفها رسالة من الله سبحانه وتعالى لك فابحث عن تلك الرسالة.

منذ سنتين وعدة أشهر كنت مُدمِن سجائر ومخدرات وسهر وسباب بداعى وبدون داعى، أدمنت عملى بهدف وبدون هدف، كنت مدمن بُعْد عن بيتى وعن بناتى، مدمن غيبة وهزار طول الوقت والعياذ بالله، مدمن قهوة على المقاهى وفي المكتب وفى وقت انتظار ميعاد مع عميل _مع سيجارة_!! **مدمن أى شئ ممكن يبعدنى عن ربنا والعياذ بالله!!**

لكن الغريب إننى لم أكن مرتاح برغم عملى الذي كان أكثر من رائع فيما عدا بعض المشاكل العادية التي نقابلها في عملنا، لم أكن مرتاح وأنا في وسط الناس ولا مرتاح وأنا لوحدى!! **دائما هارب إلى إدمانى من نفسى!!**

هارب من نفسى بإدمانى لأى شئ يشغلها عنى ويشغلنى عنها، وتقريبا كان هروبى _وأعتقد إن هذا هو السبب الأقوى لهروبى_ أنى لم أكن قادر أن أسيطر على نفسى وعلى شهواتها، دائما ما تريده أنفذه وبزيادة، طواعية منى أو حتى غصبا، كنت لا أحرمها من شئ!! ولازلت لست مرتاح وأنا أذكر مشهد من المشاهد الختامية لكل أنواع الإدمان التي ذكرتها إنى كنت جالس وحدى كعادتى بعد العمل، وبحاول أن أنسى نفسى بالمخدرات وفى عز هذه اللحظات كنت أبكى؟!

أبكى لأنى لم أكن مرتاح وأنا أغضب ربنا، أبكى لأن كل الناس التي تُؤذى بسببى، منهم ناس يعملون معى لست بقادر على تحقيق أحلامهم

بسبب التيه الذي أصابنى بسبب المخدرات، ومنهم أهل بيتى وهم حرفيا ربنا وحده الذي كان عالم بصبرهم على حضورى الغائب وسطهم!! أبكى لأنى لا أستطيع أن أتغير، ولست بقادر على إيجاد الفرحة بداخلى، بالرغم من أنى أغلب الوقت لا يرانى ولا يسمعنى أحد في مجلس أو في مكالمة مع أى شخص قريب أو بعيد إلا وأنا أضحك وأسخر وأقهقه يحسبنى من يرانى أنى رجل بلا مشاكل على الإطلاق!!

وقتها وجدت نفسى أدخل على موقع دكتور نفسى، وبالفعل اتصلت به وحكيت له ما أنا فيه ووصفت له بالظبط ما أفعله الآن وأنا أكلمه!! الغريب إنى لم أرتاح بمكالمته وكأن الله عز وجل كان يهيئ الأسباب ويدبر الأمر لى لكي أقترب منه أكثر سبحانه تعالى؟؟

سبحان الله من بعدها ربنا ابتلانى بفيروس لزمت بسببه في البيت، حرفيا لم أكن أستطيع أن أنهض من مكانى، وكنت أبكى لأنى فقدت إحساسى بطعم أى شئ في فمى، أبكى لأنى بطبيعتى أصلا لا أحب أن يرانى أى شخص وأنا مريض مهما كانت درجة قربه منى، ليس غرور لا سمح الله لكن هذه طبيعتى لا أحب أن يشعر أحد بتعبى.

وفى هذه الفترة بالتحديد ازداد قربى أكثر من أهل بيتى، وتعلمت إنه من الممكن في لحظة كل أبسط النعم التي أتنعم بها تتسحب منى لعدم شكرى لله عليها، مجرد إحساسى بطعم أبسط شئ وهو المياه!! ممكن يتسحب منى لعدم شكرى لله وحزنى الدائم برغم كم النعم التي لا تعد ولا تحصى التي كانت تحاوطنى.

وبفضل الله عدت بعدها إلى العمل، وقبل أن تعود ريما لذنوبها السيئة القديمة، نصحنى أخ كان يعمل معى إن ما أنا أمر به هو بسبب المخدرات، فقررت بفضل الله وحوله وقوته أن أترك المخدرات والسجائر في نفس الوقت، علما بإنى كنت أشرب تقريبا من علبتين إلى ثلاثى علب مالبورو أحمر كل يوم، هذا غير ٥ أو ٦ فناجين من قهوة (بقولك مدمن) غير طبعا المخدرات التي كانت بكميات غير آدمية، وبشكل يومى!!!

وبرغم دخولى في مشاكل في الشركة قررت أن أقلع عن تلك العادات وأن أقترب من ربنا، أليس هو الذي خلقنى إذن إذا وقفت أمام بابه هو سيصلحنى مهما كانت حالتى.

وسبحان الله أذكر أنى كنت أتجول في الشوارع مثل المجنون، أوقات كنت أبكى ناظرا إلى الأرض لكي لا يرانى أحد من المارة، كنت أناجى ربى مستترا بداخلى وأنا أتجول (ربى قد قَدِمت لك فلا تردنى إلى نفسى ولا إلى ذنوبى مرة أخرى، يارب تُب عليا لأتوب، يارب إذا أنت لن تقبلنى سأظل واقفا على بابك حتى يوم الدين لعلك تقبلنى)، حينها بدأت أقرأ قرآن بتدبر وعرفت معنى التولى من الله عز وجل برسائل توجهك إلى ما فيه الخير لك في الدنيا وتقربك أكثر منه وتعرفك حجم الدنيا لكي لا تفرح بما أتاك ولا تحزن على ما فاتك.

بالرغم من مشاكل العمل التي كانت جديدة عليا، وبرغم انعزالى عن كل من حولى، لأن شخصيتى الجديدة كانت في بدايتها، هشة بتتكوّن، ولم تكن لدى النية أن أرجع لأى عادة كنت أدمنتها سابقا، دائما موجه نفسى لله، ناظرا إلى السماء طول الوقت داعيا إلى ربى، أحكى له ما يحدث لى وأشكو له ما أهمَّنى، لأنى حينها شعرت بأنه لا يوجد من يفهمني في هذا الوقت تحديدا غيره سبحانه وتعالى، لن يستطيع أحد أن يفهم أنى لم أعد قادر على وجودى وسط ذنوبى، ولست بقادر أيضا على البعد عن الله سبحانه وتعالى أكثر من ذلك، ولست بقادر أن أرتاح من غير وجودى في طاعته وفى كنفه.

وسبحان الله ربنا بيوجِّه والله، والميل حرفيا يتكون من مجموع خطوات بتبدأ بخطوة وإن كانت بسيطة، أكرمنى ربى ومنَّ عليا بأن زادت طاعتى له أكثر وبدأت أزاحم بها ذنوبى، وبحول الله وقوته من وقتها وبرغم زيادة مشاكلى لزيادة الاختبار من الله عز وجل لامتحان قوة إيمانى به وإننى فعلا أريد أن أتغير من أجله، أريد أن أقرب له ولا حاجة لى في الدنيا أطلبها وأسعى لها غير رضاه سبحانه وتعالى، برغم كل الكركبة في حياتى وقتها، كنت راضى من قلبى أوى.

الحمد لله من وقتها وأنا بحول الله وبقوته استطعت أن أترك كل أنواع الإدمان التي ذكرتها لك يا صديقى سابقا.

كتبت هذا الكلام الكثير السابق إلى روحى لكي أذكرها بمصدر حولها وقوتها أمام أى ذنب صريح أو مباح مانع أو مؤخر لطاعة، ذكرت هذا الكلام لكي تنفعنى الذكرى وأقدر أن أرجع من تانى بحول الله وقوته أقوى من الأول.

كتبته وأنا في الساعات الأولى من البداية رقم مائة في التخلص من عادة شهوة جديدة (الذنب المباح) وها أنا قد بدأت من الساعة ٦ صباح يوم الإثنين الموافق ٢٠٢٠/٧/٦ بنية إنه هناك مباح منعني عن أشياء كثيرة سأفعلها بإذن الله ولكن خطوة بخطوة والله المعين والمستعان)). **انتهت الرسالة.**

طبعا رأيت يا صديقى الخيبة الممزوجة بطعم النصر، للابتعاد عن إدمان أشياء كنت أدمنتها على مدار ١١ سنة من أول السجائر، إلى إدمان المخدرات الذي استمر حوالى ٦ سنوات، وبفضل الله أكرمنى ربى وخلَّصنى منهم ومن عادات كثيرة أخرى كنت غارق فيها، وأهمهم عادة البعد عنه سبحانه وتعالى والعياذ بالله.

الزتونة لكي لا أتوه منك، سامحنى.. لا تعتقد إنك إذا نجحت في تثبيت عادة ما في نفسك، أو الإقلاع عن عادة سيئة عندك، إنك هكذا أصبحت قوى على شهوات نفسك، ولا تعتقد أيضا أن الشيطان سيتركك في حالك؟! يؤسفنى ثانى إنى أقولك لا وجود لهذا الكلام في الواقع، إنها حرب مع نفسك، ومع الدنيا، ومع شيطانك لن تنتهى إلا بالموت.

فلا تجعل فرحك يا صديقى ينسيك نفسك، وتغفل عنها مثلما أخوك فعل واعتقد إن حربه مع نفسه قد انتهت بانتصاره نهائيا عليها وامتلكها وأصبحت طوع أمرى، لا يا صديقى هى فقط _نفسى_ كانت في لحظة سكون بتدرس مدخل جديد لإدمان جديد تسجننى في دوامته لسنوات أخرى من التيه أعاذنا الله وعافى من ابتلى منا، اجعل فرحك معتدل مثل حزنك، وتذكر أنك في حرب مليئة بالجولات، وستنتهى _مرة أخرى للتذكرة_ بموتك؛

فعندما تكون حزين راجع أخطاءك، واستغفر ربنا وتب إليه، وجهز نفسك للجولة القادمة، وعندما تشعر بالفرح لا تجعل فرحتك تعميك عن استعدادات عدوك من نفس ودنيا وشيطان للجولة التي بينك وبينهم القادمة.

إفرح بقدر لا ينسيك ضرواة خصمك واستعداداته القادمة ومداخله، واحزن بقدر لا ينسيك إنها جولة والمطلوب منك السعى للمكسب، والوقوف مجددا، مراجعا أخطاء ما فات للتعلم منه، وعدم تكراره مرة أخرى.

وتذكر..

إن عدم شكرك لنعم الله جزاؤه إما أن تُسحب منك،

وإما أن تكون نعمتك هى السبب في عذابك.

أعاذنا الله وإياكم من الحالتين.

أراك الفصل القادم يا صديقى، لتجنب حجود نعم الله التي لا تعد ولا تحصى، وذلك لتجنب عقوبتها.

الكفر بالنعمة

أصدقك يا صديقى هذا فعلا هو الصواب؟! كل النعم التي ضاعت منك كانت بسبب عدم شكرك لله عليها، سواء الشكر باللسان أو بالعمل على زيادتها أو الشكر في أعمق صوره وهو عدم اتخاذ تلك النعمة سبب لمعصية الله، إنك تعصى ربنا بها!! السطور القادمة أُذَكِّر بها نفسى، ولعل بين حروفها رسالة لك يا صديقى.

أتذكر الشركة عندما توسعت وربنا أنعم عليك بناس تعمل معك، وبشريك يضخ فلوس وبصحبة تريد أن تكبر بك ومعك، ماذا صنعت أنت بكل هذه النعم، هل شكرت الله عليها؟! **بالعكس؟!** انت لم تشكر الله عليها ولكنك جحدت بنعمة الله عليك بعمل المعصية من شرب ومجاهرة بالذنوب، وبإضاعة أموال أنعم الله بها عليك، لا منك أنفقتها على بيتك، ولا منك ساعدت بها من حولك، ولا منك _حتى أبسط شئ_ لم تستخدمها في معصية الله والعياذ بالله...

وبناء على جحودك هذا فإن ربنا عز وجل من كرمه عليك عندما وجدك على هذا الحال أذهب النعمة عنك وسبحانه جعل ذهاب تلك النعم يكون بإيديك!!! ولا أقصد هنا إنه فوَّقَك وأراك الطريق إليه، لكنى أتكلم معك عن نقطة الشكر لله فقط وأتمنى إنك تفهمنى كويس.

أتذكر أيضا عندما فقدت وزنك وأصبح شكلك رشيق وازدادت ثقتك في نفسك وأصبحت قادر أن تفعل ما تشتهيه نفسك وقتما تحب مثلما تحب، وأصبح عندك من الملابس الكثير ووصل بك الحال انك أصبحت تحتار ماذا ترتدى من كثرة الملابس التي امتلكتها، أتسمح لى أن أعرف ماذا فعلت لكي تشكر الله عز وجل على هذه النعم؟؟!

أصبح نومك كثير أغلب فترات اليوم ومتضايق لأنك لم تصل بتلك النعمة إلى شئ حرام كنت تشتهيه والعياذ بالله، ولا منك استرحت عندما عصيت بها ربنا في نظرة حرام سمحت لنفسك أن تعجب بأنثى نظرت إليها أو فرحت بنظرة إعجاب من أنثى إليك، وانت تدرك تماما ما أرمى له بكلامى هذا، أُذَكِّرك بإحساسك وقتها كيف كان عافانا الله وسترنا.

هل شكرت ربنا بإنك اجتهدت في عملك أكثر وزدت في الطاعات؟؟ أم عصيته بإنك لم تشكره؟! بل بالعكس كنت متضايق وأصبحت تهرب بالأكل والنوم، حتى سحبها منك وعاد وزنك سبحان الله أكثر مما كنت، ووصل بيك الحال انك أصبحت غير قادر إنك تنزل من البيت بسبب إنك لا يوجد عندك ملابس على مقاسك لكي تنزل بيها، يعنى عندك من الملابس الكثير ولكن!! لا يوجد أى طقم على مقاسك سبحان الله.

أتذكر عندما كنت تتمنى أن تتعاقد مع عميل يغطى تكاليف الشركة بعد أن كنت في الشارع ومكاتبك لا تدرى أتبيعها لتنفق منها على معيشتك ومعيشة أسرتك، أم تحتفظ بها لعلك تحتاج إليها في المستقبل؟! تُكمل أم لأ؟! صدقا لم تكن تعلم وقتها ماذا تفعل وأى طريق تسلك؟!

وأكرمك بعدها سبحانه الكريم الوهاب بمكاتب جديدة وبعميل يغطى كل تكاليفك، أخبرنى ماذا فعلت لكي تشكر نعمه عليك؟! هربت مرة أخرى بالنوم أكثر وأكثر وسبحان الله من كرمه عليك لم يحرمك من النعمة، ولكن حوَّلها لنقمة إنك بسببها لازمت البيت وأصبحت لا تنزل من البيت إلا نادرا وازداد وزنك أكثر وأعجزت نفسك بنفسك وحوّلت نفسك إلى محصل في الشركة فقط بعد أن كنت تزور العملاء وتجرى اتصالاتك بهم وغير ذلك من السعى ابتغاء الرزق من عند الله؟!

برغم إنها في الأصل نعمة ولكن عدم شكرك لله
عليها حولها لنقمة تتعذب بها، أفهمت أم مازلت تريد
أن تُبتلى بدرس آخر لأنك لم تتعلم بعد من كل
الدروس السابقة؟؟؟؟؟؟؟

أى نعمة من الله عز وجل ربنا بيمن بها عليك لكي تشكره؛ بإنك إما أن تعمل بها طاعة أو تبعد بها عن ذنب، فأنت عندما تفعل عكس ذلك فإن الله سيعاقبك:

إما بسحب هذه النعمة منك بإيديك مثل ما أرجعك سمين من تانى بإيديك، ومثل ما أرجعك من طريق هدايته ووصل بك الحال لعدم الخشوع والحضور في الصلاة، بالعكس انت أصبحت ترى ذنبك مثل خاطرة وانت تصلى ووافقف أمامه عز وجل، تراه بين عينيك والعياذ بالله، أو **إما أن يعذبك بهذه النعمة** مثلما ساق إليك عميل يغطى مصاريف الشركة الشهرية وبسببه لزمت البيت وتعبت نفسيا.

أستأذنك _فووووووق_ أَفِق!!!!!

وارجع وتب إلى الله مرة أخرى ولو للمرة المليون، وقيّم أمور حياتك مرة أخرى وتفقّد بقلبك ما الحرام وما الحلال وابدأ فورا وليس بعد قليل!؟ ابدأ بثورة على ذنوبك بعد ما أحصيتها لتهجرها ابتغاء وجه الله طلبا وطمعا في رضاه، لا تترك خندقا لذنب أو معصية إلا ودككت حصونها مستعينا بحول الله وقوته، كفاك هروب من الواقع بالله عليك كفاك هروب إلى خيال كل الذي يفعله بك إنه بيضيع عليك عمرك وبيبعدك عن الله عز وجل وبيحرمك من نعم أنعم الله بها عليك، كامتحان جديد ليرى ما ستصنع بهذه النعم؟

فبالله عليك ربنا بينير لك الطريق ولم يودعك فيه لحظة، انت الذي تهرب منه لنفسك من أجل مجرد لذة وقتية، وانت تدرك ذلك يقينا فعد إلى الله تائب معترف بذنبك وهو وعزته وجلاله منتظرك، وإلا لماذا أنار لك الطريق إليه؟ **إرجع عفاك الله.. إنتهى كلامى إلى نفسك ونفسك.**

ملحوظة وزتونة في نفس الوقت.. هذا الفصل أحببت أن أشركك يا صديقى في واقع فعلى وحقيقى مررت به، ووصلت به إلى الحافة في أمور كثيرة في حياتى، فقدت قدرتى على السيطرة على أغلب مناطق القتال بداخلى، أو مثل ما أمى _ربنا يبارك في عمرها_ قالت لى الجملة الساحقة التي أرعبتنى ودكت مسامعى _برغم إنها عندها حق جدا في كل حرف منها_ ولكن ذلك لا يمنع إن وقعها كان شديد على قلبى عندما قالت:

حمادة انت تحتاج إلى عَمْرة _مثلما تحتاج العمرة إلى صيانة شاملة في كل شئ فقد خربت_ في كل شئ من أول وجديد...

شكرا يا حاجَّة!؟ فقدت الثقة في نفسك من تانى بدون قصد بسبب كلام أقرب الناس إلى وهى أمى، والتى من المفترض أن تعطينى طاقة إيجابية، كتلك الكلمات مثل (انت شاطر، وذكى ونبيه بس.....)؛

بمعنى اتباع طريقة التحلية بصفاتك الحسنة، ثم التخلية بالصفات السيئة التي بداخلك، ولكن أمى قد أحرزت في شبكى هدفا قاصفا لكل

جبهاتى وصدقا فإنى حاولت أن أستغله بشكل إيجابى هذه المرة؛ فمادام هذا هو ما أصبح عليه حالى وقد وصلت إلى نهاية الحافة، وسقوطى أصبح قاب قوسين أو أدنى من وقوعه، وأنا وحدى المسئول عن وجودى في تلك النقطة، وأنا وحدى أيضا بحول الله وقوته قادر على الخروج من ضيق تلك الحافة، إلى وسع ورحب مجاهدة النفس والدنيا والشيطان، والتغلب عليهم في جولة واحدة لاكتساب الثقة المفقودة وإعادة بناءعرشها الذي أسقطته نفسى المسيطرة بشهواتها على كل مركز القتال بداخلى.

أتمنى أن تكون قد وعيت سطورى بقلبك يا صيقى، واستوعبت جواب السؤال الذي تم طرحه في ندوات فكرك وهو لماذا تكلمت في تفاصيل تخصنى؟!؛ والجواب يا صديقى لنفسى كى لا أكررها مرة أخرى، ولك انت أيضا كى لا تفعل مثلما فعلت، وفى حالة إننا نسينا ووقعنا في نفس الخطأ والذنب من تانى، فعلينا أن نحاول هذه المرة أن نفشل فيها بنجاح وفقا لحدود إمكانيتنا وقدراتنا والأدوات المتاحة من أسباب ربنا أنعم علينا بها.

وتذكَّر كل ابتلاء يأتى على حسب الوسع والسعة
للنفس مما أتاها من الله العليم الحكيم.،

{ لَا يُكَلِّفُ ٱللَّهُ نَفْسًا إِلَّا وُسْعَهَا } [البقرة ٢٨٦]
{ لَا يُكَلِّفُ ٱللَّهُ نَفْسًا إِلَّا مَا ءَاتَىٰهَا } [الطلاق ٦-٧]

* * *

إلى المبتلين بأنفسهم

عندما تمر بصدمة أو ابتلاء أو عندما تسقط وخصوصا إن كان سقوطك هذا ما بينك وبين نفسك، أى بمعنى عندما يكون ابتلاءك في نفسك؟! الصعوبة هنا ليست في إنك تجد النسخة القوية التي بداخلك، تلك النسخة التي دائما تستعين بها بعد الإستعانة بالله عز وجل طبعا، تلك النسخة التي تحمل ذاك الطبع سواء كان غضب أو تحدى أو غيره، الصعوبة هنا ليست في إيجاد تلك النسخة، المشكلة إنك عندما تقع من جواك في علاقتك بنفسك، بيسقط جزء كبير من تلك النسخة الصلبة منك، فعندما تجدها فإنها تكون قد نفت طاقتها، تجدها وهى في أمس الحاجة إلى ترميم على حسب نوع الصدمة أو الابتلاء أو السقوط الذي مررت به، حينها بيظهر لك التحدى الحقيقى لتبدأ في مواجهة الصعوبة الحقيقية؛ إنك بضعفك وبتعبك وبوجعك وبذلك التخبط الذي يعترى جنبات نفسك وبدنيا لن تقف مكتوفة الأيدى ساكنة أمام ما تمر به من مشاكل لتهاجمك بمشاكل فوق مشاكلك مزيدة إلى ما تمر به من صعاب تحديات أقوى وأصعب.

بكل هذه المشاعر السابقة التي تعتريك، فإنك مطلوب منك أن تجد الحافز الذي به تنهض مرة أخرى، الحافز الذي به تستطيع أن تخلق داخلك تلك الشرارة التي بها تنهض بقوة من جديد، ذلك الحافز الذي يكون معه المفتاح لآخر باب سوف تواجهه في صراعك مع نفسك، قبل أن يتنقل صراعك هذا لأرض الواقع خارج حدود نفسك إلى الدنيا حتى تبدأ تحارب الواقع لكي تغيره، وطبعاً لن تملك القدرة على الإنتصار في ذلك الصراع، إلا وانت قد أعدت ترميم نفسك الجديدة بشكل جيد، قد واجهت نفسك بمشاكلها وانتصرت عليها وعلى مخاوفك، لأنك استطعت بعون الله وفضله ومشيئته أن توجد الحافز الذي به تتغير من داخلك والذى _من وجهة نظرى_ يعتبر أصعب معركة ستخوضها في حياتك، لأن نفسك هى الوحيدة التي تعلم نقاط الضعف لديك، وتعلم متى تختار الوقت المناسب للهجوم عليك بمشاعر الحزن واليأس والقنوط من رحمة الله أن تنهض من جديد، ذلك الهجوم الذي تنوى به إرجاعك بضعة خطوات إلى الوراء أو حتى أن تجعلك تغيب عن واقعك لتفقد حافز التغيير حتى تصل إلى مرحلة تقبل الواقع

لتعيش مثل أغلب الناس الذين يعيشون بلا هدف وبلا حافز وبدون وجهة معلومة ومحددة سلفاً؟!

الخلاصة..

استعن بالله واسعى..

ومهما تكررت مرات سقوطك قُم وانفض غبار اليأس من رحمة الله بأن يعيينك على النهوض والوقوف من جديد، قُم وعالج الكسر الذي ظهر بداخلك وتأكد إن مع العسر يسر، ستجد في عز الابتلاء مليون يسر هيهون عليك الوجع والألم، ولا ندرى يا صديقى لعل هذا الابتلاء يكون فيه الخير والخير الكثير،

فسبحان من في منعه عطاء وفى عطاؤه إبتلاء واختبار.

فاللهم وفقنى وأعنى وأرشدنى وإهدنى وارزقنى وأقمنى وقوِّمنى لما تحبه وترضاه واصرف عنى مالا تحبه ومالا ترضاه لى يارب العالمين.

خواطر في حب بعض الكتب

هناك بعض الكتب من جمال دقيق تفاصيلها، وخصوصا إن كانت في فن أنت تحبه وقرأت عنه مسبقا، تجعلك تفاصيلها تقف مشدوها أمامها كالطفل الصغير حينما يرى لعبة جديدة، تراه يمسك بها متعجبا، منبهرا، متطلعا بكل حواسه لكل ما بها من تفاصيل، لكي يستطيع أن ينتفع بها الانتفاع الأمثل حينما يبدأ اللعب بها؛

كذلك هو حال بعض الكتب؟! تُمسك صفحاتها بحواسك جميعا، تنبهر بما فتح الله على كاتبها من النظر في دقيق أمور هذا الفن، وكيفية وصفها وسردها بطريقة تجعلك تشعر أنك تعيش هذا الكتاب وليست مجرد قراءة، تدقق فيه، تعيد الكثير من صفحاته مرارا وتكرارا حتى تتأكد من وصول المعنى لقلبك وذهنك بالشكل الأمثل لتخزينه وتطبيقه وقت الحاجة إليه.

وفى النهاية وعندما تنتهى من صفحاته، تجلس معه كمجالستك لصديق عزيز عليك على سفر، تتأمل ملامحه، تسترجع ما مررت معه من أفكار وملاحيظ، ثم أخيرا تضعه داخل مكتبتك، سامحا له بالسفر إلى ما بقى فيك من عمر، لترجع إليه وتطلب منه النصيحة وقتما احتجت إلى ذلك، أو اشتقت إلى مجالسته من جديد فتعيد قراءته لتذكر به نفسك من جديد، وتبحث عن جديد ما في سطوره من معانى لم تبُح بها صفحاته في اللقاء الأول، نظرا لعدم نضجك في الوصول إليها أو لغير ذلك من الأسباب التي حالت دون وصولها إلى قلبك.

ولا تنسى أخى في الله استحضار النية وإخلاصها لله عز وجل في كل عمل في حياتك فصلاتك ونسكك ومحياك ومماتك لله رب العالمين.

طبعا سيادتك مستغرب _وحقك طبعا_ ما دخل هذا المقال في هذا المقام؟! وما علاقته بمحتوى الكتاب؟!

والجواب من بطن الشاعر أذكره لك يا صديقى.. أحببت أن أفصلك قليلا عن الصراعات التي تدور داخلك، من قراءتك لصفحات الكتاب، وعن الدوشة التي من الممكن أن تصلك لعقلك، سواء أكانت دوشة إيجابية أو سلبية، المهم إنك تفهم إنك وأنت في طريقك لإصلاح نفسك

ستحتاج محطات تفصل فيها دماغك، من غير أن تضيع الهدف الذي رسمته وبتسعى للوصول لشخصيته،

أفهمتنى؟.. استمتع برحلتك في الدنيا، ويمكن يكون كلامى قد ذكَّرك بكتاب قد أحببت أن ترجع لتقضى معه بعض من وقتك مرة أخرى، وستجدنى من بعده منتظرك جدا لكي نفشل بنجاح يا صديقى.

* * *

صلاة الإستخارة

سبحان الله تجد الواحد منا قد أجهد نفسه وفكره بسؤال من حوله يُمنة ويُسرا، ويعيد ويزيد في التفكير في الموضوع الذي يشغل باله، وأوقات تجده لا يستطيع أن ينام من كثرة التفكير، ويمكن العادى أن يحدث له ذلك، وأوقات أخرى تجده يهرب إلى النوم لكي يستريح من دوامة أفكاره، تجده حائر في خطواته يخطو خطوة وسرعان ما يرجع عنها لأنه خائف، ثم يعود ليسأل مرات ومرات أخرى ويظل في هذه الدائرة المغلقة حتى تدركه رحمة ربنا بفضل الله عليه ويهديه لطريق يطمئن له، سواء أن يفعل ما كان يفكر فيه أو يظل في مكانه، أو يبحث عن طريق آخر، **طيب ما كان من الأول يا صديقى؟!**

بطبيعتنا بنخاف ونقلق من الغد، وخصوصا إن كان الغد يحمل لنا في ساعاته شئ جديد عن عما نراه اليوم، وتتحدد درجة خوفنا بالزيادة أو النقصان على حسب الأشياء والتفاصيل الجديدة التي يحملها الغد، بمعنى أنه إن كان غدا يوم عادى ليس به أحداث جديدة مثله مثل اليوم وأمس تصبح حينها درجة خوفك أقل من إن كان غدا مثلا عندك مقابلة عمل مهم تريد أن تنجح فيها، أو ميعاد مع عميل قد وضعت عليه أمل إنه يتعاقد معك بمبلغ مالي كبير، أو ظرف يحدث لك في بيتك من ولادة أو زيارة صلة رحم تأتى بعد انقطاع طويل قد نويت أن تصلها، أو عادة جديدة إيجابية بتخلقها داخلك، أوعادة سلبية بتحاربها لكي تمحيها من طباع نفسك، أو حتى مجرد مكالمة لشخص انت لا تدرى ما هو رد فعله عندما يسمع صوتك، أيا كان هذا الشئ الجديد

الخاص بغدا _والذى قد قررت ونويت أن تفعله_ بيزيد في نفسك درجة الخوف والتوتر من الغد.

طيب يا صديقى جرب أن تستبدل كل هذا القلق بأن تضع الأمور في حجمها الطبيعى؟!

انت عبد ولك رب..

ربنا أمرك أن تلجأ له في أى شئ بتقابله في الدنيا، لأنه هو خالقك وعالم بحجم الخوف الذي يتولد في نفسك من أى شئ جديد انت مقبل عليه، فالأولى بك قبل أن يتملك منك خوفك وتتوتر وتدخل في دائرة الأعراض التي ذكرناها فالسطور السابقة،

الأوْلَى بك يا صديقى أن تُسَلِّم أمرك لله وتستخيره؟؟

الله عز وجل قد شرع لنا صلاة الاستخارة وبلغنا بصيغة الكلام الخاص بها، لكي نسأله فيها عن الأشياء والظروف الجديدة علينا والتى نقابلها في الدنيا،

أقبل عليه واسأله عن يقين في قلبك بأنه عالم الغيب، هو عالم بالغد وما يخبئه لنا، كل شئ مكتوب من قبل أن نخلق، هو عالم ما فيه الخير لك وإن ظهر لك شرًا، وما فيه الشر لك برغم كونه في ظاهره _لقصور نظرنا وفهمنا وحكمتنا_ خيرا.

خذ بأسبابك كلها، اسأل أهل الخبرة في الطريق الذي تنوى أن تسلكه، وابحث عن ما ينقصك من خبرات وطوَّر من نفسك فيها لكي تسلك الطريق وأنت مطمئن، وعافر وإياك أن تيأس وابذل أقصى ما في وسعك الذهنى والبدنى في الطريق الذي اخترته لتسلكه، سواء كان هذا الطريق مع نفسك أو بيتك أو عملك أو أى شئ آخر، تذَّكر يا صديقى أن تبذل أقصى ما في وسعك الذهنى والبدنى.....

ولكن قبل ذلك كله، بمجرد أن جاءتك الفكرة قُم واذهب لصاحب الفكرة وهو الله عز وجل، قُم مُصليا بين يديه واستخيره واطلب مشورته عن يقين بداخلك إنك عبد ولك رب خلقك ضعيفا ليتولاك حتى في أبسط شئ انت تمر به،

لا تستصغر الدنيا وتقول يعنى أستخير ربنا في الحاجة دى!!

تأمل الحديث النبوى الآتى بقلبك يا صديقى ولا تستحى أن تطلب من الله صغائر الأمور قبل كبيرها فلا حرج على الإنسان في الدعاء بشيء، وإن قل..

فقد روى الترمذي عَنْ أنَسٍ، قَالَ: قَالَ رَسُولُ اللَّهِ صَلَّى اللَّهُ عَلَيْهِ وَسَلَّمَ: لِيَسْأَلْ أَحَدُكُمْ رَبَّهُ حَاجَتَهُ كُلَّهَا؛ حَتَّى يَسْأَلَ شِسْعَ نَعْلِهِ إِذَا انْقَطَعَ. ضعفه الألباني.

(قال المناوي في فيض القدير: (ليسأل أحدكم ربه حاجته كلها) لأنه المتكفل لكل متوكل بما يحتاجه، ويرومه جل أو قل (حتى يسأله شسع نعله (إذا انقطع) لأن طلب أحقر الأشياء من أعظم العظماء أبلغ من طلب الشيء العظيم منه، ومن ثم عبر بقوله: ليسأل، وكرره ليدل على أنه لا مانع ثم، ولا راد لسائل؛ ولأن في السؤال من تمام ملكه، وإظهار رحمته وإحسانه، وجوده وكرمه، وإعطائه المسؤول ما هو من لوازم أسمائه وصفاته، واقتضائها لآثارها ومتعلقاتها، فلا يجوز تعطيلها عن آثارها وأحكامها، فالحق سبحانه وتعالى جواد، له الجود كله، يحب أن يسأل، ويطلب أن يرغب إليه، فخلق من يسأله، وألهمه سؤاله، وخلق ما يسأله، فهو خالق السائل، وسؤاله، ومسؤوله) **فيض القدير للمناوى**

يا صديقى انت تتعامل مع رب بيتولاك وانت نائم ولا تدرى تقلبات جسمك على فراشك وهو سبحانه يقلبك وانت نائم لكي لا يتعب جسمك من أن ينام نومة ثابتة تكسر عظمك لو نمت هكذا ثابت طول الليل!!

انت تتعامل مع رب عظيم رحيم كريم، الله الصمد ارجع اقرأ عن هذا الإسم وستجد فيه من المعانى ما يطمئن قلبك.

اذهب لرب الأسباب قبل أن تأخد بالأسباب واستخيره
تأمل رسول الله محمد صلى الله عليه وسلم وهو يعلمنا كيف نستخير ربنا في هذا الحديث الجميل..

((كانَ رَسُولُ اللَّهِ صَلَّى اللَّهُ عليه وسلَّمَ يُعَلِّمُنَا الِاسْتِخَارَةَ في الأُمُورِ كُلِّهَا كما يُعَلِّمُنَا السُّورَةَ مِنَ القُرْآنِ؛ يقولُ: إذَا هَمَّ أحَدُكُمْ بالأمْرِ، فَلْيَرْكَعْ رَكْعَتَيْنِ مِن غيرِ الفَرِيضَةِ، ثُمَّ لِيَقُلْ: اللَّهُمَّ إنِّي أسْتَخِيرُكَ بعِلْمِكَ، وأسْتَقْدِرُكَ بقُدْرَتِكَ، وأَسْأَلُكَ مِن فَضْلِكَ العَظِيمِ؛ فإنَّكَ تَقْدِرُ ولَا أقْدِرُ، وتَعْلَمُ ولَا أعْلَمُ، وأَنْتَ عَلَّامُ الغُيُوبِ، اللَّهُمَّ إنْ كُنْتَ تَعْلَمُ أنَّ هذا الأمْرَ خَيْرٌ لي في دِينِي ومعاشِي وعَاقِبَةِ أمْرِي - أو قالَ: عَاجِلِ أمْرِي

وآجِلِهِ ـ فَاقْدُرْهُ لِي ويَسِّرْهُ لِي، ثُمَّ بَارِكْ لِي فِيهِ، وإنْ كُنْتَ تَعْلَمُ أَنَّ هذا الأَمْرَ شَرٌّ لِي في دِينِي ومعاشِي وعاقِبَةِ أَمْرِي ـ أو قَالَ: في عَاجِلِ أَمْرِي وآجِلِهِ ـ فَاصْرِفْهُ عَنِّي واصْرِفْنِي عنْهُ، واقْدُرْ لِي الخَيْرَ حَيْثُ كَانَ، ثُمَّ أَرْضِنِي قَالَ: «وَيُسَمِّي حَاجَتَهُ».)).

جابر بن عبدالله • صحيح البخاري ١١٦٢ • [صحيح]

* * *

لا حول ولا قوة إلا بالله

بصراحة من بعد فصل الإستخارة السابق، وطلب العون والمدد من الله عز وجل، صاحب القدرة والعلم والحكمة في اختيار ما يناسب كل منا من الأمور، بما يتناسب مع وسعنا وطاقاتنا والأدوات التي أنعم الله عز وجل علينا بها، لنستخدمها فيما نراه خيرا لديننا ودنيانا، فهو الخالق سبحانه وتعالى..

﴿أَلَا يَعْلَمُ مَنْ خَلَقَ وَهُوَ ٱللَّطِيفُ ٱلْخَبِيرُ﴾ [الملك ١٤]

بصراحة من بعد فصل الإستخارة، وجدت داخلى شعور أريد به أن أوصل لقلبى وقلبك أكثرالإحساس بيقين الإستعانة بالله عز وجل، وكيف إننا حرفيا لا حول ولا قوة لنا إلا به سبحانه وتعالى.

وبصراحة أكثر لم أجد أفضل من إنى أجمع أجزاء من الأحاديث الصحيحة الواردة عن رسولنا الكريم محمد صلى الله عليه وسلم، مع سرد بعض الشرح ليها، والتى تتكلم عن فضل قول: **لا حول ولا قوة إلا بالله**

وبعدها نختم بتفسير معنى لا حول ولا قوة إلا بالله وفقا لصحابة رسول الله صلى الله عليه وسلم وتابعيهم بإحسان بإذن الله، رضى الله عنهم وأرضاهم جميعا من فضله.

بسم الله نبدأ الأول بالأحاديث..

[عن أبي هريرة:] أَكْثِرْ مِنْ قولِ: لا حولَ ولا قوّةَ إلّا باللهِ، **فإنَّها كَنْزٌ من كَنزِ الجنّةِ** قالَ مَكْحولٌ، فمَن قالَ لا حولَ ولا قوّةَ إلّا باللهِ ولا مَنجا مِنَ اللهِ إلّا إليهِ: **كشَفَ عنهُ سبعينَ بابًا مِنَ الضُّرِّ أدناهنّ الفَقرُ.**

الألباني (ت ١٤٢٠)، صحيح الترمذي ٣٦٠١

• ومن فضائل (لَا حَوْلَ وَلَا قُوَّةَ إِلَّا بِاللهِ): **أنها كفارة للذنوب،**

((فقد روى الإمام أحمد في مسنده من حديث عبد الله بن عمرو ابن العاص -رضي الله عنهما- قال: قال رسول الله -صلى الله عليه وسلم-: «مَا عَلَى الأَرْضِ رَجُلٌ يَقُولُ: لَا إِلَهَ إِلَّا اللَّهُ، وَاللَّهُ أَكْبَرُ، وَسُبْحَانَ اللَّهِ، وَالْحَمْدُ لِلَّهِ، وَلَا حَوْلَ وَلَا قُوَّةَ إِلَّا بِاللَّهِ، **إِلَّا كُفِّرَتْ عَنْهُ ذُنُوبُهُ، وَلَوْ كَانَتْ أَكْثَرَ مِنْ زَبَدِ الْبَحْرِ»)).**

مسند الإمام أحمد -رحمه الله- (15/ 11) برقم 6479، وقال محققوه: إسناده حسن.

• ومنها: أن النبي -صلى الله عليه وسلم- جعلها مع ما معها من الأذكار الأخرى بدلًا عن القرآن في حق من لا يحسنه،

(([عن عبدالله بن أبي أوفى:] أتى النبيَّ ﷺ رجلٌ فقالَ: إنِّي لا أستَطيعُ أن آخُذَ منَ القرآنِ شيئًا، فعلِّمني شيئًا يجزئُني منَ القرآنِ، قالَ: تَقول سبحانَ اللهِ، والحمدُ للهِ ولا إلَهَ إلَّا اللهُ، واللَّهُ أكبرُ، ولا حولَ ولا قوّةَ إلَّا باللهِ فذَهَبَ أو قامَ نحوَ ذا قالَ: هذا للهِ فما لي؟ قالَ: قُل اللَّهمَّ اغفِر لي وارحَمني وعافِني واهدِني وارزُقني)). المستخرج على المستدرك ١٢٦ • حسن • أخرجه أحمد (١٩١٦١)

• ومنها: **أنها كفاية للعبد وحرزًا له من الشيطان،**

((روى أبو داود في سننه من حديث أنس بن مالك أن النبي -صلى الله عليه وسلم- قال: «إِذَا خَرَجَ مِنْ بَيْتِهِ: فقَالَ: بِسْمِ اللهِ، تَوَكَّلْتُ عَلَى اللهِ، لَا حَوْلَ وَلَا قُوَّةَ إِلَّا بِاللهِ، فَيُقَالُ لَهُ: حَسْبُكَ، قَدْ كُفِيتَ وَهُدِيتَ وَوُقِيتَ، فَيَلْقَى الشَّيْطَانُ شَيْطَانًا آخَرَ فَيَقُولُ لَهُ: كَيْفَ لَكَ بِرَجُلٍ قَدْ كُفِيَ وَهُدِيَ وَوُقِيَ»)).**

سنن أبي داود برقم 5095، وصحيح ابن حبان برقم 819 واللفظ له

• ومنها: **أنها سبب لإجابة الدعاء، وقبول العبادة،**

((**[عن عبادة بن الصامت:]** مَنْ تَعَارَّ مِنَ اللَّيْلِ، فَقَالَ: لا إِلَهَ إِلَّا اللَّهُ وحْدَهُ لا شَرِيكَ له، له المُلْكُ وله الحَمْدُ، وهو على كُلِّ شيءٍ قَدِيرٌ، الحَمْدُ لله، وسُبْحانَ الله، ولا إلَهَ إلَّا اللَّهُ، واللَّهُ أكْبَرُ، ولا حَوْلَ ولا قُوَّةَ إلَّا بالله، ثُمَّ قالَ: اللَّهُمَّ اغْفِرْ لِي، أو دَعا، اسْتُجِيبَ له، فإنْ تَوَضَّأَ وصلَّى قُبِلَتْ صَلاتُهُ)).

صحيح البخاري ١١٥٤ • **[صحيح]** **معنى التعار: هو استيقاظ يصحبه كلام.**

• ومنها: **أنها باب من أبواب الجنة،**

[عن قيس بن سعد:] ألا أَدُلُّكَ على بابٍ مِنْ أبوابِ الجَنَّةِ؟ لا حَوْلَ ولا قُوَةَ إلَّا باللهِ.

الألباني (ت ١٤٢٠)، صحيح الجامع ٢٦١٠

[عن أبي ذر الغفاري:] ألا أَدُلُّكَ على كَنزٍ من كُنوزِ الجَنَّةِ؟ لا حَوْلَ ولا قُوَةَ إلَّا باللهِ.

شعيب الأرنؤوط (ت ١٤٣٨)، تخريج المسند ٢١٣٤٦ • **إسناده صحيح**

وروى الإمام أحمد -رحمه الله- في مسنده من حديث أبي ذر -رضي الله عنه- قال: «أمَرَنِي خَلِيلِي بِسَبْعٍ: أمَرَنِي بِحُبّ المَسَاكِين والدُّنُوّ مِنْهُمْ، وأمَرَنِي أنْ أنْظُرَ إلى مَنْ هُوَ دُونِي ولَا أنْظُرَ إلى مَنْ هُوَ فَوْقِي، وأمَرَنِي أنْ أصِلَ الرَّحِمَ وإنْ أدْبَرَتْ، وأمَرَنِي أنْ لَا أسْألَ أحَدًا شيئًا، وأمَرَنِي أنْ أقُولَ بالْحَقّ وإنْ كَانَ مُرًّا، وأمَرَنِي أنْ لَا أخَافَ في اللهِ لَوْمَةَ لائِمٍ، وأمَرَنِي أنْ أكْثِرَ مِنْ قَوْلِ: لَا حَوْلَ ولَا قُوَّةَ إلَّا باللَّهِ، فإنَّهُنَّ مِنْ كَنزٍ تَحْتَ العَرْشِ»

((**قال النووي -رحمه الله-:** «قال العلماء: سبب ذلك أنها كلمة استسلام وتفويض إلى الله تعالى، واعتراف بالإذعان له، وأنه لا صانع غيره، ولا رادَّ لأمره، وأن العبد لا يملك شيئًا من الأمر، ومعنى الكنز هنا أنه ثواب مدخر في الجنة وهو ثواب نفيس، كما أن الكنز أنفس أموالكم»)). _شرح صحيح مسلم_

[عن أبي هريرة:] إذا قال العَبْدُ: لا حَوْلَ ولا قُوَّةَ إلَّا باللَّهِ، قال اللَّهُ: أَسْلَمَ عَبْدِي واستسلمَ. وفي روايةٍ لهُ: قال لي: يا أبا هُريرةَ، ألا أَدُلُّكَ على كَنزٍ مِن كُنوزِ الجنَّةِ؟ قلتُ: بلى يا رسولَ اللَّهِ، قال: تقولُ: لا حَوْلَ ولا قُوَّةَ إلَّا باللَّهِ. فيقولُ اللَّهُ: أَسْلَمَ عَبْدِي واستسلمَ.)). شعيب الأرنؤوط (ت ١٤٣٨)، تخريج سير أعلام النبلاء ٥٣٥/١٤ • سنده قوي

- [عن علقمة بن وقاص الليثي:] إنِّي عندَ معاويةَ إذ أذَّنَ مؤذِّئُهُ فقال معاويةُ كما قال المؤذِّنُ حتَّى إذا قالَ حيَّ على الصَّلاة قالَ لا حولَ ولا قُوَّةَ إلَّا باللَّهِ فلمَّا قالَ حيَّ على الفلاح قالَ لا حولَ ولا قُوَّةَ إلَّا باللَّهِ وقالَ بعدَ ذلكَ ما قالَ المؤذِّنُ ثمَّ قالَ سمعتُ رسولَ اللَّهِ يقولُ مثلَ ذلكَ. الألباني (ت ١٤٢٠)، صحيح النسائي ٦٧٦ • حسن

قال شيخ الإسلام ابن تيمية -رحمه الله-: (((«وقول: ولا حول ولا قوة إلا باللَّه يوجب الإعانة، ولهذا سنها النبي -صلى الله عليه وسلم- إذا قال المؤذن: حي على الصلاة، فيقول المجيب: لا حول ولا قوة إلا باللَّه، فإذا قال: حي على الفلاح، قال المجيب: لا حول ولا قوة إلا باللَّه، وقال المؤمن لصاحبه: {وَلَوْلَا إِذْ دَخَلْتَ جَنَّتَكَ قُلْتَ مَا شَاءَ اللَّهُ لَا قُوَّةَ إِلَّا بِاللَّهِ} [الكهف: 39]، ولهذا يؤمر بهذا من يخاف العين على شيءٍ)). الفتاوى (13 /321 - 322) باختصار

[عن أبي سعيد الخدري:] إذا أرادَ أحدُكم أمرًا فليقل اللَّهمَّ إنِّي أستخيرُك بعلمِك... الحديثُ على نحو حديثِ جابرٍ وقالَ في آخره ثمَّ قدِّر لي الخيرَ أينما كانَ لا حولَ ولا قُوَّةَ إلَّا باللَّهِ. العيني (ت ٨٥٥)، عمدة القاري ٣٢٤/٧ • إسناده صحيح

• ومنها: أن من داوم عليها وجد قوة في بدنه، قال ابن القيم -رحمه الله-، «وسمعت شيخ الإسلام ابن تيمية -رحمه الله- يذكر أثرًا في هذا الباب، وهو: «أن الملائكة لما أمروا بحمل العرش، قالوا: يا ربنا كيف نحمل عرشك وعليه عظمتك وجلالك؟ فقال: قولوا: لا حول ولا قوة إلا باللَّه العلي العظيم، فلما قالوها حملوه» الفتاوى (10 /33)، وهو من الإسرائيليات، والمستدرك على مجموع الفتاوى 1/ 158.

وبعد أن قطفنا اليسير من كنوز الاستعانة بحول اللَّه وقوته، نذهب لمعناها الذي به يطمئن قلب كل مسلم إن المدد منه سبحانه وتعالى

موجود، وخزائنه ملأى لا تنضب سبحانه، زود يقين قلبك بهذا المعنى، واستعذ بالله من الشيطان الرجيم، اطرد وساوسه من قلبك، اطرد أفكار الضعف والوهن من تفكيرك، وتَذَكَّر إنك لا حول ولا قوة لك إلا بالله، فاستعن بالله ولا تعجز.

استطعم بقلبك جمال المعانى القادمة..

((والحول: ما للإنسان من القوة في حالة بالنسبة إلى تغيره في نفسه وقنيانه كما تقدم ومنه: "لا حول ولا قوة إلا بالله".

وقيل: الحول: الحركة، وحال الشخص: أي تحرك،

قاله أبو الهيثم؛ فالمعنى: لا حركة ولا استطاعة إلا بمشيئة الله.

وعن الشافعي:

"لا حول عن معصية الله إلا بتوفيق الله،

ولا قوة على طاعة الله إلا بإعانة الله".

ويقال: حول وحيل، قال الليحاني: "يقال: إنه لشديد الحيل" أي القوة، ومنه في دعائه عليه الصلاة والسلام: "يا ذا الحيل الشديد". قال الهروي: هكذا أقرأنيه الأزهري، والمحدثون يروونه: الحبل، بالموحدة، قال: ولا معنى له. وقيل: الحول: الحيلة، والمعنى: لا حيلة في أمر الله ولا قوة تنجي منه إلا بمشيئة الله)). _عمدة الحفاظ للسمين الحلبى_

(("وهذه الكلمة شاملة وعامة، وهي استسلام وتفويض – كما تقدم – وتبرؤ من الحول والقوة إلا بالله، وأن العبد لا يملك من أمره شيئًا وليس له حيلة في دفع شر، ولا قوة في جلب خير إلا بإرادة الله تعالى، فلا تحوُّل للعبد من معصية إلى طاعة، ولا من مرض إلى صحة، ولا من وهن إلى قوة، ولا قوة له على القيام بشأن من شؤونه إلا بالله العظيم، فما شاء الله كان، وما لم يشأ لم يكن، لا رادَّ لقضائه، ولا معقب لحكمه")). _فقه الأدعية والأذكار، د. عبدالرازق البدر، ص 253 بتصرف_

((وقال ابن القيم -رحمه الله-: «ولمَّا كان الكنز هو المال النفيس المجتمع الذي يخفى على أكثر الناس، وكان هذا شأن هذه الكلمة، كانت

كنزًا من كنوز الجنة فأوتيها النبي -صلى الله عليه وسلم- من كنز تحت العرش، وكان قائلها أسلم واستسلم لمن أزمة الأمور بيديه، وفوض أمره إليه»)). _شفاء العليل ص 112_

((ومعنى: لَا حَوْلَ وَلَا قُوَّةَ إِلَّا بِاللَّهِ، قال ابن عباس -رضي الله عنهما-: «أي: لا حول بنا على العمل بالطاعة إلا بالله، ولا قوة لنا على ترك المعصية إلا بالله»)).

الدر المنثور في التفسير بالمأثور للسيوطي (5/ 393)

((وهذه الكلمة لها تأثير عجيب في معاناة الأشغال الصعبة، وتحمل المشاق، والدخول على الملوك، ومن يُخاف، وركوب الأهوال»)). _الوابل الصيب_

((وكان حبيب بن مسلمة يستحب إذا لقي عدوًا، أو ناهض حصنًا يقول: لا حول ولا قوة إلا بالله، وإنه ناهض يومًا حصنًا فانهزم الروم، فقالها المسلمون وكبروا، فانصدع الحصن.)). الوابل الصيب، ص 187، وأخرجها البيهقي في دلائل النبوة (7/ 113).

تنبيه: ((بعض الناس ينطق هذه الكلمة بشكل غير صحيح، فيقول: (لَا حَوْلِ اللَّهِ)، وبعضهم يستخدمها في غير موضعها، قال شيخ الإسلام ابن تيمية -رحمه الله-: «وذلك أن هذه، أي: (لَا حَوْلَ وَلَا قُوَّةَ إِلَّا بِاللَّهِ) هي كلمة استعانة، لا كلمة استرجاع، وكثير من الناس يقولها عند المصائب، ويقولها جزعًا لا صبرًا»)). _الاستقامة (2/ 81)_

أتمنى أن يكون وفقنى الله في ترتيب المعنى بالأحاديث، ومعانى كلمة لا حول ولا قوة إلا بالله، بشكل يزيد من يقين قلبك، ويشرح صدرك لما سنلاقيه سويا من معارك قادمة والله حسبنا ووكيلنا، **ولا حول ولا قوة إلا بالله.**

فقاعة السعادة

غريب جدا الواحد منا، يظل طول عمره باحثا عن الراحة والسعادة؟!

فقاعات من السعادة نخلقها بأنفسنا، ثم نلهث وراءها لكي نفرقعها، ونشعر وقتها بلذة لحظية، لذة بتنتهى بفرقعة الفقاعة؟! لكي نبدأ بعدها في نفس دائرة السعى وراء الفقاعة التي تليها لكي نفرقعها أيضا!! هذا بالإضافة إلى تشتتك عندما تحتار تفرقع أى فقاعة فيهم؟! محتار ما بين أى من أهدافك، أى فقاعة فيهم هى اللى سوف تُدخل السعادة في قلبك حتى وإن كانت مجرد لحظة من السعادة؟!

حياة عبارة عن مجموعة من فقاعات وهمية للسعادة؟!

• يفكر حينًا أن فرحته ستكون عندما يصل إلى فقاعة هدف معين، وبمجرد ما يصل إلى هدفه ويفرقع الفقاعة، يألف وصوله له ويصبح عادى وكأنه مولود به!! ليلهث بعدها صانعًا بداخله فقاعة لهدف آخر لتظل الدائرة مغلقة عليه، ما بين تعب حتى يصل إلى هدفه، وبين لحظة فرح وهمية عندما يحققه لأنها لا تكون لحظة يسر صافى، تجد معها عسر موجود في زاوية أخرى من حياته.

• ويفكر حينًا آخر أن فرحته ستكون في فقاعة القرب من الناس فيقرر أن يتوه وينسى نفسه في وسطهم، لتطل مرة أخرى نفس الدائرة المغلقة عليه، ما بين تعب في محاولة إسعاد من حوله أو إسعاد نفسه في وسطهم إلى أن يصل إلى لحظات فرح بفرقعته للفقاعة بقربه منهم، وأيضا هى فرحة وهمية ومؤقتة لأنها ليست صافية من عسر يظهر في جانب آخر من حياته أو حتى تجده موجود وهو في وسط الناس الذين يحاول أن يتعايش معهم، فأحيانا الفقاعة بتكون كبيرة عليك، أو أنك قد اقتربت منها جدا ففرقعت _انفجرت_ في وجهك؟! ووقتها لا وجود للفرحة، بل تجد نفسك مجبرًا على التعايش مع لحظة تعب انت بنفسك سببتها لروحك عندما اخترت هدف فوق طاقتك، أو عندما ضغطت على نفسك لكي ترضى أشخاص اكتشفت من بعد أن اقتربت منهم أنه لم يكن يصلح أن تتقرب منهم من البداية؟!، وهذا يحدث كثيرا في وسط دوامة الحياة، التي توهمنا بفقاقيع شكلها حلو من الخارج، وهى ممتلئة بصابون كثير سيسبب لك العمى لو فرقعتها حتى وإن كنت بعيد عنها؟!

• وعندما يتعب من الناس بحكم إنه منتظر مقابل تعبه منهم!! يبدأ بعدها في الهروب إلى نفسه على أمل إنه يجد الفرحة الصافية، الخالية من أى عسر!! وفجأة يجد نفسه إما أن ينفذ أوامرها وشهواتها وهواها طول الوقت في إسراف في حلال يبعده عن طاعات لله، أو حرام يغضب ربنا منه ويِتْسَلِّم لنفسه عالمفتاح، لكي تفعل به ما يحلو لها والكارثة هنا إنك بتفكر نفسك إنك المسيطر عليها وليست هى!!!

لتظل نفس دائرة البحث من جديد عن فقاعة السعادة الدائمة وراحة البال الأبدية!! بين تسلميه لفقاعة نفسه في فجورها وهو مازال غير شاعر بالراحة بحكم فطرته التي دائما ما تحن إلى خالقها، وبين حربه مع نفسه لإصلاحها وتزكيتها وزيادة صوت التقوى بداخلها،

نعم يا صديقى إنها حرب فلا وجود وقت للهدنة أو
الراحة!!!

غريب جدا الواحد منا دائما بينسى إنه في دار ابتلاء وامتحان لكي يصل إلى المكان الأبدى الذي سيكمل فيه حياته أو بالأصح الذي سوف يبدأ فيه حياته الحقيقية، إما نعيم دائم أو شقاء أبدى،

إن رجع لمن خلقه سيفهم من كلامه إننا مخلوقين في
كَبَد يعنى تعب، وإن مع العسر يسر، بمعنى لا يسر
يأتى منفردا بدون عسر، ولا عسر يأتى وحيدا بلا
يسر

وإننا مخلوقين للعبادة، وهنا فقط وفى قلب العبادة عندما تكون عبد لله كما ينبغى بطاعة أوامره واجتناب نواهيه، عبد لله كما ينبغى بعمل قولا أو فعلا قاصدًا به ابتغاء وجه الله تعالى بنية خالصة له وحده، حينها تصله من ربه نفحات من السكينة التي لا مثيل لفرحتها ولا للذتها ولا لجمال وقعها على قلبه مهما عافر في الدنيا، تلك السكينة التي أصفها باقتضاب لقلبك يآ صديقى بآنها حالة من السكون الداخلى الخالى من أى شهوات أو رغبات أو أوامر أو إلحاح من جانب نفسه، هى حالة من السكون الخارجى الخالى من أى وساوس بالتخويف من جانب الشيطان أو الترغيب من جانب الدنيا، هى حالة يمن الله بها على

قلب العبد بجنود السكينة التي تحرسه من أى منغصات آنية أو كانت في المستقبل قريبه وبعيده.

السكينة يا صديقى هى نفحة رضا بحالنا وقت الابتلاء والمحن، نفحة راحة بال في حربنا مع هموم النفس والدنيا والشيطان، يَمُن بها الله عز وجل علينا بسبب توكلنا عليه بقلوبنا قبل أن يكون توكلنا بألسنتنا.

﴿هُوَ ٱلَّذِي أَنزَلَ ٱلسَّكِينَةَ فِي قُلُوبِ ٱلْمُؤْمِنِينَ لِيَزْدَادُوا إِيمَٰنًا مَّعَ إِيمَٰنِهِمْ وَلِلَّهِ جُنُودُ ٱلسَّمَٰوَٰتِ وَٱلْأَرْضِ وَكَانَ ٱللَّهُ عَلِيمًا حَكِيمًا﴾ [الفتح ٤]

((يخبر تعالى عن منته على المؤمنين بإنزال السكينة في قلوبهم، وهي السكون والطمأنينة، والثبات عند نزول المحن المقلقة، والأمور الصعبة، التي تشوش القلوب، وتزعج الألباب، وتضعف النفوس، فمن نعمة الله على عبده في هذه الحال أن يثبته ويربط على قلبه، وينزل عليه السكينة، ليتلقى هذه المشقات بقلب ثابت ونفس مطمئنة، فيستعد بذلك لإقامة أمر الله في هذه الحال، فيزداد بذلك إيمانه)). **تفسير السعدى**

أدعو الله أن يكون أمان المعانى المستترة بسطور هذا الفصل قد وصل إلى مسامع قلبك يا صديقى، وسامحنى إن لم أكمل كلامى في هذه النقطة، لكن هذه النفحات تحتاج إلى حياة لمجرد وصف إحساسها وليس بضعة سطور، **لنكمل فيما بعد..**

رزقنى الله وإياك يا من وصلت لهذه السطور بنفحات رضا وراحة قلب وبال وجنود السكينة من الله عز وجل رغم الهموم والكروب، رغم الحياة، فالخالق أكبر وأمره كن فيكون، الله أكبر وأكبر وأكبر من كل تعب، من كل مرض، من كل يأس، من كل حالة كرب انت تمر بها، وهو سبحانه وتعالى قادر أن يغير حالك إلى ما فيه الخير لك ويبعد عنك الشر كله عاجله وآجله، ويهدى قلبك ويثبته على صراط الله المستقيم ويرزقنى وإياك بخاتمه يرضاها لنا الله الرحمن الرحيم بنا، خاتمة تليق بعباد يحبون معبودهم وهو الله جل في علاه، خاتمة نرجوها حسنة من الحى القيوم أكرم الأكرمين.

وتذكر في وسط حروبك في الدنيا إنهم طريقين لا ثالث لهم..

﴿وَمَنْ أَعْرَضَ عَن ذِكْرِى فَإِنَّ لَهُ مَعِيشَةً ضَنكًا وَنَحْشُرُهُ يَوْمَ ٱلْقِيَمَةِ أَعْمَىٰ﴾

[طه ١٢٤]

﴿ٱلَّذِينَ ءَامَنُوا وَتَطْمَئِنُّ قُلُوبُهُم بِذِكْرِ ٱللَّهِ أَلَا بِذِكْرِ ٱللَّهِ تَطْمَئِنُّ ٱلْقُلُوبُ﴾
[الرعد ٢٨]

* * *

نصيحة لوجه الله

لن أقول لك _في هذا الفصل القصيرة سطوره_ سوا كلمة واحدة، لو يومك لن يبقى فيه سوا عادة واحدة، **إياك أن تبتعد عن قراءة القرآن _اجعلها عادتك الوحيدة_** لأنه والله خير صديق، وهو توجيهك في الدنيا♥

ولمن لم يدرك بعد المعنى المستتر من الكلام، يشرفني إنك تقرأ كتاب الفقير إلى الله ((رسايل ربانية)) وستجد فيه بإذن الله من فضل الله ما يزيد يقينك بتولى الله عز وجل لنا في الدنيا.

ألقاك الفصل القادم على خير بإذن الله

إياك أن تكون مللت؟!

أو حزنت بسبب الفصل الفائت يا كئيب؟!

* * *

كوكب الفراغ

دعنا نتفق في بداية انتقالنا لكوكب الفراغ أنا وانت، إنى لم أكن لأكتب هذه السطور إلا عندما أكون قد شعرت فعلا بفشل في بعض أو في كل أمور حياتى، وكذلك الحال _ أيوه انت يا من تختبئ داخل نفسك لكي لا أراك _ حضرتك أيضا في داخلك لم تكن ستقرأ هذا الكتاب إلا لو كنت تشعر بطعم مرارة الفشل في جانب من حياتك أو حتى في كل جوانبها، وتريد أن تنجح في هذا الفشل، وتنتهى من مرحلته لكي تبدأ في تجربة فشل أعلى؟!

من فاشل إلى فاشل لا تكابر يا صديقى أن تعترف
بفشلك، عادى قد فشل ملايين قبلنا وستفشل أيضا
ملايين قادمة بعدنا

إن الضعف فطرة الإنسان التي خلق بها، يخطو الخطوة ويرجع بضعفه إلى الوراء مثلها أو أكثر ببضع خطوات وهكذا سيظل حاله إلى أن نلقى الله سبحانه وتعالى، أفهمت واقتنعت يا صديقى الفاشل، إذن دعنا نأخذ فرصتنا من الفشل ونحن في مزاج هادئ ومرتاحين. هأهأهأهااا، إضحك ولا تخف يا فاشل لكي لا نظهر إننا فاشلين؟!

قد اجتمعنا هنا سويا لكي نحاول أن ننجح في الفشل الذي نمر به، فنحن لازلنا لا عارفين أن ننجح فيه ونتفوق وننتهى من مرحلته، ولا حتى بداخلنا استطعنا أن نشعر بالرضا عما نحن فيه من تسليم للفشل، هذا بالإضافة إلى الكومفورت _ زفت _ زوون أتذكرها؟ فنحن قد اعتدنا على مسكننا وراحتنا بداخلها، قد صحبناها وصحبتنا مثل علاقة الصداقة مع شخص مغترب وانت أساسا كنت تسكن وحدك، فتصبح لتجده واقف بيحلق في الحمام، وأنت تقف على الباب لتستعجله فأنت مزنوق؟! قد اعتدت على وجوده واعتاد على وجودك؟! الكومفورت زوون أصبحكت أهلك وناسك وعزوتك، لا انت مرتاح بداخلها، ولا انت قادر أنت تخرج منها يا فاشل يا فاشل يا فاشل يا فاشل يا فاشل بصوت حسن حسنى في فيلم الباشا تلميذ.

فمادامنا اجتمعنا سويا كجمع معترف اعتراف صريح وواضح بفشله في هذه الجوانب من شخصيته، والتى تؤثر بالتبعية على أسرته من أقرب الناس له حتى الدائرة التي حوله في عمله وهكذا.....

فخلينا نخوووش _ندخل_ في الموضوع على طول.. بعد أن تقبلنا ضعفنا، وأقنعنا كل من شخصياتنا الباتمانية والسوبرمانية إنهم لن يستطيعوا أن يلحوا ما نعانيه من فشل، وإن الموضوع سوف يأخذ وقت، وهما أيضا الصراحة مرتبطين بجدول أعمال في الخارج في أجزاء جديدة لهم، مش فاضيين لينا يعنى!! فمن اللازم أن نعتمد على أنفسنا، ونفهم طبيعة الحواجز التي سنقابلها مثل حاجز الوقت الذي ذكرناه سابقا (بتوع الزهايمر يرجعوا لصفحة ... قبل ما يكملوا أصلها مش ناقصة لبخة في الأفكار هى _بصوت بوحة_ وحالى كحالكم قد أخذت حظى من ذلك الزهايمر اللَّعين، إذن فليرجعوا لصفحة ...، صراحة نسيت، اعتمد على نفسك وارجع للفهرس يا صديقى).

هنقابل ونحن نمضى في اصلاح روحنا وتقويم شخصياتنا ومجاهدة أنفسنا حاجز جديد وقديم في ذات الوقت _عامل زى الجبنة الرومى اللى لا هى جديدة ولا قديمة وموجودة في كل حتة وبيبقى طعمها حلو كل شوية تروح تعمل رغيف وترجع تاكل منها_ المهم لكي لا نجوع ونفصل من القراءة ونروح ناكل، هذا إلا إن كنت يا صديقى الحبيب مثلك مثل أخوك _العبد لله_ بيجهز سندوتشاته في يد والكتاب بيده الأخرى لكي يضمن تركيزه حين يطرق الجوع على باب بطنه، نكمل لوسمحت بعد إذنك..

هذا الحاجز هو حاجز لا يشبه باقى الحواجز فهو ليس مصنوع لكي تتخطاه؛ لأ هذا الحاجز بيفتح لك لكي تدخل كوكب الفراغ وهو كوكب فارغ لا يوجد به أى شئ، فاضى كده وغير مفهومة ملامحه، من يقطنونه

من البشر تجدهم عايشين وخلاص، شغل ماشى، زاد الشغل ماشى، قل ماشي، أنام ماشى، أقوم ماشى، عنده وقت مثلما لا وقت عنده، تجدهم عايشين بلا هدف، بلا حياة، كوكب ممتلئ بشعور زائف بالإنجاز الوهمى؟!

وكأن لسان حالك الآن يتمتم أخبرنى بالله عليك ما
الذي ترمى إليه يا صديقى بذكرك لكوكب الفراغ
(أخذتها من على طرف لسانى)؟!

أريد أن أقول لك إن أى تغيير داخلك بتبدأ فيه دائما إما أن بيكون ترك عادة سلبية انت تفعلها مثل تدخين سيجارة مع قهوتك، وسيجارة أخرى تشعلها وأنت تنتظر الغداء، وسيجارة بعد أن تأكل، وسيجارة قبل النزول، وسيجارة تلو سيجارة قد ملأت مواقف كثيرة في حياتك بشكل لا واعى في مخك، زهقان ولع سيجارة أو امسك موبايل بدون وعى منك وبشكل تلقائي.

ركز في ما هو قادم.. سنتطرق قليلا داخل عالم علم النفس المعرفى لكي نحاول أن نفهم أنفسنا بشكل يساعدنا على تطويعها لكي تناسب الشخصية التي نريد أن نكونها والواقع الذي نحلم أن نعيشه،

((فعلم النفس المعرفى إن جاز التعبير يعنى بالدرجة الأولى في دراسة مختلف العمليات العقلية التي تحدث داخل العقل أو الدماغ في محاولة منه لفهم السلوك الإنسانى.)). _ **علم النفس المعرفى لدكتور عماد الزغول_**

الفقرة القادمة مهمة جدا لكي تدرك كم المعلومات التي من المفترض أن يتعامل المخ معها ويخزنها في كل لحظة، وهو ما سنفهم به لماذا كثير من الحركات بنفعلها أو في الحقيقة جسمنا هو من يفعلها من دون أى تفكير أو تدخل منا، تلك الحركات التي أصبحت عادات، والعادات وعدد مرات تكرارها هو الذي يحدد طبيعة شخصياتنا التي هى محور الموضوع في كلامنا هنا عن إصلاحها للأفضل ولما يرضى الله عز وجل، **تأمل السطور التالية..**

((دورة معالجة المعلومات المرتبطة بالمثيرات التي يتفاعل معها الإنسان تمر في ثلاث مراحل رئيسية: وهى الترميز، والتخزين، والإسترجاع، وتتطلب المعالجات خلال هذه المراحل تنفيذ عدد من العمليات المعرفية بعضها يتم على نحو لا شعورى، في حين يتم البعض الآخر على نحو شعورى بحيث يكون الفرد على وعى تام لما يجرى داخل هذا النظام.

ويتم تنفيذ مثل هذه العمليات عبر أجهزة الذاكرة: وهي الذاكرة الحسية، والذاكرة قصيرة المدى، والذاكرة طويلة المدى، وتحديدا فإن نظام تحديد المعلومات يضطلع بالوظائف التالية:

١-استقبال المعلومات الخارجية أو ما يسمى بالمدخلات الحسية من العالم الخارجي عبر المستقبلات الحسية، والعمل على تحويلها إلى تمثيلات معينة، الأمر الذي يمكّن هذا النظام من معالجتها لاحقا، وتسمى هذه المرحلة بمرحلة الاستقبال والترميز.

٢-اتخاذ بعض القرارات حول مدى أهمية بعض المعلومات ومدى الحاجة إليها، بحيث يتم الاحتفاظ بالبعض منها بعد أن يتم معالجتها وتحويلها إلى تمثيلات عقلية معينة يتم تخزينها في الذاكرة (مرحلة التخزين).

٣-التعرف على التمثيلات الحسية واسترجاعها عند الحاجة منها في التعامل مع المواقف والمثيرات المختلفة، وتحديد أنماط الفعل السلوكي المناسب (مرحلة الاسترجاع).)) _ **علم النفس المعرفي لدكتور عماد الزغول _**

سبحان الله العظيم.. أريت كم المعلومات والمدخلات التي يستقبلها العقل من خلال حواسه ويفلترها ما بين مدخلات سابقة تم التعامل معها سابقا، أم هي مدخلات لوقائع وروائح ومواقف جديدة مجهولة بالنسبة له، علما بإن لكل إنسان منا ذاكرتان للتخزين واحدة قصيرة المدى وأخرى طويلة المدى؛

((**فأما قصيرة المدى** فهي تقع بين المخازن الحسية وبين الذاكرة طويلة المدى، وهي بناء افتراضي قليل السعة، لكنه كبير الأهمية تتم فيه معالجة المعلومات المتعلقة بالمثيرات البيئية والتي تستقبل عن طريق الحواس وتنتقل عبر المخازن الحسية، وعليه فهي مخزن انتقالي مؤقت يتسع لكمية قليلة من المعلومات، ويمكنه أن ينقل المعلومات إلى مخزن آخر أو مرحلة أخرى وهي الذاكرة طويلة المدى، كما يمكنه أن يستخدم المعلومات في إنتاج استجابة حركية.

وأظهرت التجارب أن سعة الذاكرة قصيرة المدى بحدود سبع وحدات بغصض النظر عن نوعية المعلومات، حروف كانت أو أرقام أو غير ذلك.)) _ **علم النفس المعرفي لدكتور عماد الزغول _**

((**أما الذاكرة طويلة المدى** فهى تمثل المحطة الأخيرة في نظامنا المعرفى، حيث تستقر فيها كل معارفنا وخبراتنا بصورتها النهائية، وتمتاز هذه الذاكرة عن الأنظمة الأخرى سوار الحسية أو القصيرة (العاملة) من حيث سعتها الإستيعابية الغير محدودة، وقدرتها على الاحتفاظ بالمعلومات لفترة طويلة قد تمتد طوال حياة الإنسان، وبذلك تعتبر الذاكرة طويلة المدى أكثر الأنظمة تعقيدا وتنوعا)) _ **علم النفس المعرفى لدكتور عماد الزغول** _

سبحان الله الخالق.. تخيل معى يا صديقى إن المخ مطلوب منه أن يستقبل ملايين المعلومات السمعية والبصرية والحسية، وعن طريق التذوق باللسان والشم بالأنف واللمس بالأيدى، كل تلك التفاصيل وأكثر مطلوب منه أن يعالجها إما بحذفها أو بتحويلها إلى عادات لكي لا تجهده أو يقوم بتحويلها إلى مخازن الذاكرة طويلة الأمد لعلمه بحاجته لها فيما بعد، وهو مطلوب منه برغم كل تلك التفاصيل أن يجعلك تركز على طريقة مشيك وانت تمشى مخافة أن تقع أرضا؟!!!!

((إن العادات السلوكية تمنع إصابتنا بالارتباك بسبب القرارات اللانهائية التي نضطر _ من ناحية أخرى_ إلى اتخاذها في كل يوم.)) _قوة العادات_

أعلم أنى قد أطلت عليك يا صديقى، ولكننى بصراحة موضوعات علم النفس أحبها وكنت أطمح أن آخذ فكرك في جولة حول طبيعة عمل أدغتنا، لكي نستطيع أن نستغل طاقتنا بشكل أكبر، وفى نفس الوقت نواجه كوكب الفراغ الذي كنا نتكلم عنه _إياك أن تكون نسيته_ لأن الإثنين بينهما رابط مهم جدا.

مثل ما رأينا كم المدخلات الذي يحتاج مخك أن يحللها، والتى تأتى له من كل مستقبلاته الحسية، بعضها عادى بيتم إلقاؤه في النفاات من دون أن تلقى لذلك بال، مثل لون جورب ابن شخص دخل يشترى عصير من محل انت واقف فيه، ومثل هو أبوه ماذا كان يرتدى في قدمه وما كان لونه؟! معلومات مثل هذه انت قد عوَّدت مخك بشكل تلقائى إنه لا يهتم بها وبالتالى سيلقيها كالمهملات، فقط المعلومات التي تهتم بها أو يشعر مخك إنها ستكون مفيدة وفقا لملامح شخصيتك التي يعرفها من خلال عاداتك، هذه المعلومات فقط هى التي يحللها وينقلها لذاكرتك طويلة الأمد، مثل لو كنت بتهتم بشكلك ستجد نفسك ستذكر آخر طقم

اترتديته، لأنك لا تحب أن تلبس نفس الملابس مرتين متتاليتين، أو ما هو نوع القهوة التي يحبها صاحبك لأنك في كل مرة بيتأخر عليك وانت من تطلبها له، وغيرها من الاهتمامات سواء أكانت أشياء خاصة بصحتك، بعملك، بكرة القدم، بفن، أو بسياسة، كل مدخل يدخله عقلك اللاواعى داخلك وبشكل تلقائى لا يعرض عليك السؤال بخصوص ذلك المدخل مرتين؟!

لماذا يحدث ذلك وهنا سأقول لك الزتونة؟!

لأن هذه من رحمة ربنا بعباده، الطفل الصغير في بداية تعلمه المشى بيبقى تفكيره كله منصب على رجليه، تجده غير شاغل باله هيقع على إيه من كثرة تركيزه على النقطة الخاصة بعضلات رجليه وأين سيخطو بها وكيف يتحكم بإتزانه،، برغم إنه مستقبل مثلنا كل المدخلات السابق ذكرها لكن مخه بحكم إنه يريد أن يتعلم المشى الآن، وهذه العادة جديدة فمحتاج يسخر كل حواسه لكي يعرف أن يفعلها، مثله مثل أول لحظة لك لتعلم قيادة السيارة، تجد نفسك تعرق وتتوتر وتحضن الدريكسيون والكرسى الذي تجلس عليه سيدخل وجهك في الزجاج من كثرة اقترابك منه، تجد نفسك حينها لا تسمع أبواق السيارات من خلفك لكي لا تتعثر في قيادتك، برغم إنك بتسمعها بأذنك والموضوع لا علاقة له بيدك التي تقود بها ولا برجليك التي تضغط بها على دواة البنزين أو الفرامل.

من رحمة ربنا بنا إن نفس الطفل الذي كان بيسقط كل سقطة ليتخبط في أى شئ من مائدة أو غيرها وتتورم رأسه إثر سقوطه، هو هو ذات الطفل الذي تجده لاحقا متقمص شخصية سوبرمان ويطير فجأة على بطنك وانت نائم، نفس ذلك الشخص الذي لم يعرف كيف يقود السيارة إن سمع دوشة من الشارع وتجده يريد أن يغلق الزجاج لأنه بيقود البيه بأذنه؟! هو هو ذات الشخ تجده لاحقا بيعمل ساندوتش ومعه مكالمة عمل ويخبئ التليفون عشان الرادار، وبيسأل واحد على الطريق ومن الممكن أيضا أن يكون بيتابع رسالة للوكيشن الذاهب إليه على الجي بي إس عادى يعنى؟!!!

من رحمة ربنا بنا إن كل الحركات التي نفعلها بتكون بدون وعى منا، من أول ما يحدث داخل أجسامنا من أعضاء تعمل بحول الله وقوته

وانت حتى لا تقوى إنك تقدر أن تجعلها تتوقف عن العمل، ومثل عاداتك التي تكون مسئول عنها وتجعل مخك يفعلها بشكل تلقائى؛ مثل..

انتظارك لعميل؟؟ أو مكالمة صديق، ذكرك الله، أو جلوسك على مقهى، أو مكالمتك لأهل بيتك، أم إشعالك سيجارة، ولا..........

مع كل موقف توضع فيه بتختار اختيار، ولأن طبعا ليس منا من يختار أن يزعج نفسه، فتجد أكثرنا يذهب باختياره إلى راحته حتى وإن كانت تلك الراحة ستسبب له ضرر مستقبلا مثل عادات سلبية كثيرة جدا نفعلها بإرادتنا واختيارنا ونعلمها جيدا فينا،

عادات أصبحت طباع،

وطباع شكَّلت ردود أفعال،

وردود أفعال شكَّلت مواقف،

ومواقف أصبحت بالفعل أفعال،

أفعال تعوَّدنا عليها عندما نقابل الموقف الخاص بها،

تجدنا وقتها نفعلها بشكل لاواعى.

تذكَّر يا صديقى إن مخك مثلك يحب أن يريح نفسه من التفاصيل المتكررة والتى تعتاد أن تفعلها عندما توضع في المواقف التي تذكرك بها، لكن الفرق بينك وبين مخك إنك تريد أن تستريح وتعتاد على ذلك، أما مخك فهو يفعل ذلك لكي ينتظر منك أن تشغله بالمهم، ينتظر منك أن تشغله بالهدف الذي تسعى له سواء كان راحة من بعد تعب وضغط عمل، أو مذاكرة لأولادك على حساب ذهابك واستمتاعك مع أصدقائك، أو اهتمامك بأهل بيتك في أبسط الأشياء لمجرد أن تفتح حديث معهم تذيب به جدار الثلج الذي وُجد بينكم،

مخك يا صديقى بيريحك بفضل الله من التفاصيل المعتادة التي تفعلها، وهذه نعمة عظيمة إن نظرت إليها من زاوية أخرى، تلك الزاوية التي تقول بإنك من الممكن أن تخلق عادات إيجابية ستجدها صعبة وطعمها مر عليك في البداية، ومن الممكن أن تقلع عن عادات سلبية تضرك

وكذلك ستجد الساعات والأيام وأحيانا الشهور الأولى للبعد عن تلك العادات متعب جدا، وخصوصا لو كانت عادات كان لك معها اعتياد على فعلها على مدار سنين، وكل منا أدرى بعاداته الإيجابية التي يريد أن يفعلها مثل قراءة قرآن وتدبره أو بِر أبيه وأمه أو ممارسة الرياضة بانتظام أو القراءة بانتظام أو البدء في تنفيذ فكرة مشروع يحلم به أو مذاكرة كان قد أجلها سابقا، وكل منا أيضا أدرى بعاداته السلبية التي يحلم أن يقلع عنها مثل الإقلاع عن التدخين أو الإقلاع عن الأكل بشراهة أو الإقلاع عن مشاهدة الأفلام الجنسية وغض البصر عن محارم الله أو الإقلاع عن العادة السرية، مخك مخلوق على فطرة أنه بمجرد أن يتقن الفعل أو العادة ويعتاد عليها تجده يفعلها بشكل تلقائى، وصعوبتها تقل بالتدريج حتى يكرمه الله عز وجل وتصبح عادة اعتاد مخه أن يمارسها بهدوء من دون أن يسحب طاقتك فيها.

أراك لسان حالك أيضا يقول أيوه يا عم الرغاى يعنى
ما علاقة ما تقول بكوكب الفراغ؟؟!!

العلاقة بسيطة جدا يا صديقى، أنت الآن معتاد على طبع وتريد تغييره، ومخك قد اعتاد أن على هذا الطبع بسهولة بحكم إنه أصبح عادة عندك، فحضرتك بتطلب من مخك إنه لا يفعل هذه العادة، وقتها ستجده فتح لك حاجز **وأدخلك كوكب الفراغ ولسان حال مخك وقتها يقول ما البديل الذي سأفعله الآن عندما أتوقف عن ممارسة تلك العادة؟؟**

وطبعا نفسك وقتها هتستغل سهولة العادة القديمة بالنسبة لمخك وحبك وشهوتك لها لكي تقنعك أن تفعلها فقط هذه المرة ونبدأ بعدين، ستقنعك إن التعود لا يأتى بهذه الطريقة، ومخك سيرد حينها بسؤاله السابق ماذا سأفعل الآن إن امتنعت عن تلك العادة وذاك الطبع وبماذا سأنشغل؟؟ عندما تجد نفسك عندما تبحث عن أى شئ تشغل نفسك به تجد وقتها لا نفسك ترضى بذلك ولا مخك أيضا بحكم إنه غير معتاد على ذلك وسيبدأ في بذل مجهود وطاقة لكي يعتاد على العادة الجديدة وخصوصا لو كانت شهوة من شهوات الدنيا لها لذتها، أو كانت محاولة إدخال عادة جديدة إيجابية فتلك العادة الجديدة انت تخلق لها وقت، وهذا الوقت انت مخصصه لعادة أخرى أم كنت غير مخصص ذلك الوقت لأى شئ غير إنك تجلس _مفخد كده_ على كرسى الليزى بوى

الخاص بك أمام التليفزيون ممسكا بالريموت كنترول وأنت تقلب في القنوات بدون هدف، أو كان ذلك الوقت مخصص لسكرول على الفيس بوك بلا هدف إلى اللانهائية وما بعدها كما كان باز يطير يقول!! وبرغم إنك ممكن تكون كنت أغلقت تطبيق الفيس بوك منذ دقائق؟!

قد علمت وفهمت يا صديقى الآن ماذا يعنى كوكب الفراغ الذي ستعيش فيه بمجرد أن تبدأ في تنفيذ قرارك في تغيير نفسك، لأن _مرة أخرى لتتذكر_ مخك قد اعتاد وارتاح لهذا شكل، ونفسك أحببت الراحة وأدمنتها، وانت أيضا هناك جزء بداخل نفسك يحب ذلك الشعور بالراحة وباللاهدف، لكننا اتفقنا يا فاشل إننا نريد أن نفشل بنجاح، فمن اللازم أن نسعى لكي نخرج من كوكب الفراغ..

ألقاك الفصل القادم لكي نتعلم أن _نتنيل_ نخرج من هذا الكوكب على خير يا صديقى..

حلم الفقاعة

اسكت (أمر يفيد طلب السكوت منك لسرد موقف سيدهشك؟!).. أتعلم أنى في الفترة التي تركتنى فيها منذ الفصل السابق قد وجدت ضياء صديقنا؟ ضياء الذي كان معنا في الجامعة؟ ضياء يا صديقى الذي كان يضع جل على شعره؟ ضياء محمد يا جدع، أيوه هو ضياء، لقد أكرمه

ربنا وتزوج، لن تصدق بمن تزوج؟! تزوج ياسمين البنت الغلبانة التي كانت معنا في الجامعة أيضا، كنت قد تأخرت عليا فقمت أتمشى في أم هذا الكوكب حتى القيته وقد عرفته من ظهره، هو بنفس مشيته وكأنه يجرى في ماراثون وهناك شخص في آخر السباق سيسلمه الكأس كجائزة؟!! برغم إنه ليس هناك من يجرى لا معه ولا خلفه ولا بجانبه في هذا الكوكب الفارغ حتى من سكانه، لكنه _أقصد ضياء_ تشعر أنه متسارعة أنفاسه من سرعة ركضه ماشيا.

المهم أنى تمشيت معه حتى وصلنا بيته، ولكنى لم أرضى أن أدخل فقد اتحرجت الصراحة، قلت في بالى أن أحضر الفاشل اللي مثلى _أقصدك أنت يا صديقى_ لكي نزوره في بيته، نطمئن عليه لأنه بجد كان واحشنى، أيوه كان من الناس المحترمة هو وزوجته الصراحة، اتقدملها بعد الجامعة وربنا رزقهم بحنين وأدهم، لكنهم لم يدخلوا مرحلة الإعدادى بعد، ربنا يحفظهم لهم ويرزقه برزقهم، عزمنا بكرة على الغداء على فكرة، وبصراحة قلت في بالى أيضا إنها فرصة فنحن قد جوعنا وفى كوكب فارغ من سكانه وضياء واحد منا فما المانع أن نتغدى عنده ونرى بعدها كيف سنخرج من هذا الكوكب، لا تقلق يا صديقى فإنى عازم على الخروج فلا تقلق؟!!

إفرد وشك كده _ابتسم رجاء_ فأنت لست ذاهب لتأخذ تطعيم كورونا الصينى، سنجلس مع ضياء قليلا ثم نتوكل على الله لنخرج من هذا الكوكب.

((جرس الباب.. تِرّن تِرّن تِرّن

ضياء: مين؟

الفاشل رقم ١: أنا أحمد اللى جاى آكل عندكم ومعايا (إسمحلى أسميك فاشل ٢)،

ضياء: فتح الباب، اتفضلوا نورتوا الدنيا،

أحضان مطارات على كام بوسة بصوت دليل على المحبة..

بيته كان دافئ ما شاء الله ولا قوة إلا بالله اللهم بارك، برغم إنه كان بسيط في فرشه ومساحته كانت روح المكان حلوة، دخلنا ضياء على الأنتريه، وبعد ما قعدنا لقينا كتكوت صغنن كده ماشى وجاى ناحيتنا..

الفاشل ١: ما شاء الله ده أدهم الصغير صح؟

ضياء: ده اللى مجننى وبيتعامل معايا على إنى مخدة مصارعة، دماغه باظت من المصارعة اللى بيتفرج عليها،

الفاشل ٢: بس ما شاء الله باين عليه هادى،

ضياء: هادى؟! مع ضحكة سخرية الهادى ده كسر صباع واحد صاحبه في المدرسة ووزارة التربية والتعليم كلها بتشتكى منه (مش عارف أضحك على النكتة اللى قالها، ولاً هو بيدارى حسد مش عارف بس ضحكنا)،

شوية ولقينا بنوتة ما شاء الله جاية علينا مكسوفة من ورا الستارة اللى مغطية تفاصيل باقى الشقة، لقيناها جاية وبتستخبى ورا باباها،

ضياء: دى بقى حنين العاقلة بتاعة باباها، واللى مجننه أمها!!

فاشل رقم ١: (فى سرى) هو ضياء ده مش عاجبه حاجة خالص كده؟!

حكينا وهزرنا شوية، وسلمنا على زوجته على استحياء وهى بتقدملنا الغداء عشان ناكل، وشربنا بعدها الشاى.

فاشل رقم ٢: بصوت واطى ليا قاللى: مش يلا بقى عشان نلحق نروح

ضياء بعد أخد باله من صوتك يا عم الناصح رد قال: تمشوا فين، انتوا هتشرفونا على الكوكب ده على طول؟!

فاشل ٢: هيلطم _يضرب على خده بيده_ وهو بيزغدنى

فاشل ١: يعنى إيه هنشَّرف على الكوكب ده؟! هو احنا مش هنمشى؟! ده حتى كوكب فارغ مفيهوش غير بيت واحد هو بيتك.

وقتها ظهر على وجه ضياء ملامح الاستغراب الشديد، قبل ما يتمتم.. بيت واحد!!

ضياء: بيتى أنا الوحيد اللى على الكوكب ده؟! طب إزاى؟!

قام ضيام ومسكنا من إيدينا احنا الاتنين، وفتح البلكونة، **وهنا كانت المفاجأة؟!** لقينا بيوت كتير حوالينا، وناس ساكنة فيها، بيوت مليانة حكاوى تشبه حكاوى بيت ضياء، وناس كتير ماشية في الشوارع، تحسهم في مشيتهم تايهين، والغريب انهم برغم توهانهم ده تلاقيهم مستعجلين، وبيجروا بسرعة، سواء بعربياتهم، أو حتى على رجليهم،

وناس تانية ماشية بالراحة مش عارف ده تعب ولا بيفكروا في حاجة، وفيهم اللى بيكلم روحه وهو ماشى بتمتمه هو بس اللى بيسمعها، وناس مالية القهاوى بتتفرج على ماتشات كورة، ولعب أطفال أغلبها بقى بيتلون بعلم الرينبو عشان عيون الأجيال اللى طالعة تاخد عليه يمكن بكره تتقبله زى ما كان إمبارح ممنوع حد يتكلم عليه دلوقتى بقى له منظمات وحقوق ولعب أطفال مسلمين؟! وغيرهم وغيرهم..... ملايين من الناس ظهروا من مجرد فتحة بلكونة في بيت صديقنا ضياء اللى لم يحمد ربنا حتى باللفظ على نعمة ذرية واحدة من اللى ربنا أنعم بيه عليهم، وكل ما كان يشغل تفكيره هو مشاكلهم فقط؟!

صراحة المشهد قد أثار بداخلى الدهشة والخوف، وأكيد كمسلم مثلى فهذا هو حالك، فالمفروض والواجب علينا أن يكون لنا دور في توعية الملايين من ساكنى كوكب الفراغ من أخطاء ربنا قد أنعم عليك وعلىَّ بالعلم بمعرفتها وبحلولها لكن حربك مع نفسك وهزائمك المتكررة هى التي تمنعك أن تسند أى شخص قريب أو بعيد بأى شئ، تلك الهزائم التي تمنعك أن تجد شخصيتك التي تحب أن تعيش بها لتبدأ في عيش حياتك بالشكل الذي يناسبك ويرضيك.

وفى وسط دوامة هذه الأفكار السوداء وجدتنى فجأة أنا وأنت واقفين مكاننا وكل شئ من حولنا قد اختفى، البيت وضياء وأولاده وساكنى الكوكب، كل شئ؟!!)).

دعنا نعود إلى المشهد الفارغ الذي أنهيت به معك السطور الفائتة، والذى أتمنى أن تكون قد فهمت إن ضياء هو في الحقيقة أنا وأنت وناس كثيرين جدا ممن يعيشون حولنا كبار وصغار، سواء كنا نعرفهم من قريب أو من بعيد، أناس حولنا قد انشغلوا بالحياة وأشغلتهم ليصبح غاية همهم مغلق على ساعات يومهم، لا وجود للغد، دائما تجدنا وتجدهم في سباق فقط مع ساعات اليوم وكفى بساعاته أن تكون شغلنا الشاغل، خسارتنا مثل أرباحنا، ساقية وبندور فيها نحن وضياء وغيرنا ناس كثيرين؟!

لا تقلق يا صديقى فالحل موجود بفضل الله
وسط السطور القادمة..

بسم الله نبدأ..

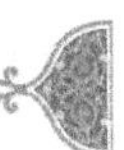

الأول محتاجين أن نهدئ ونفهم إن سقوطنا وفشلنا كان على مدار سنين، ونرجو من الله عز وجل _مادامنا قد نوينا إصلاح أنفسنا_ إنه يوفقنا لما فيه صلاحنا داعين سبحانه بأن يُسرع في تدابيره علينا بفضله لكي نهنأ بصلاح أنفسنا وهو راضٍ عنا لنرجع مرة أخرى إلى كوكب الفراغ الذي كنت أنا وأنت بنتعامل معه بشكل خاطئ؟!

أتعلم يا صديقى أن المقصود بكوكب الفراغ هو عمرك وصحتك اللى بيضيعوا، أو بالأصح أنت من تضيعهم عندما ترضى بأن تعيش مثل ملايين الناس مشغول دائما رغم وفرة وقت؟! مشغول دائما بدون إنتاج؟!

لا أقصد يا صديقى بأن تكون مشهور أو أن يكون معك من الأموال الكثير والكثير، ليس المقصود النجاح بهذا الشكل الأعمى على الإطلاق، ولكن أقصد أن تسعى، أن تفكر، أن تخطط، أن تضع من جديد جدول لنفسك، جدول محدد فيه أى أهداف ستسعى لتحقيقها وكيف ومتى؟ جدول محدد فيه أهدافك في علاقتك بالله عز وجل، أهدافك في تطويرك لنفسك لكي تصل إلى أقرب نسخة نموذجية منك في كل ركن من أركان حياتك، أتفهمنى يا صديقى؟

أرجوك لا تصبح مثل الذين عاشوا حياتهم من أجل الفلوس وماتوا من غير أن يتمتعوا بها أو يُمَتِّعوا بها الأقربين أو المساكين؟!

أرجوك لا تصبح مثل الذين يقلدون المشهور وكفى بذلك حياة لهم، يريدون فلوس بأى طريقة وبغض النظر عن كون مصدرها حلال أم حرام؟!

أرجوك لا تصبح مثل الذين يركضوا هنا وهناك من دون تفكير، يعيشون حياتهم لاهثين متسابقين بدون هدف وللأسف تجدهم يعملون ركضًا من أجل تحقيق أحلام شخص آخر لكي يكسب هو فقط، وطبعا ليس كل المشهد يكون بهذا الشكل أحيانا كثيرة بيكونوا شغالين مع شخص بيراعى ربنا في نفسه وفيهم، شخص يعطيهم حقم من التقدير المادى والمعنوى.

أرجوك لا تعيش كالخاسر في نزال مع الحياة مفى أول جولة، قم واستعن بالله وانوى الخير لك ولمن حولك، قم وابدأ تخطيط من تانى، **وتذكر..**

[عن عائشة أم المؤمنين:] اكْلَفوا من الأعمالِ ما تُطيقونَ؛ فإنَّ اللهَ عزَّ وجلَّ لا يَمَلُّ حتى تَمَلُّوا، وقالت عائشةُ: كان أحبُّ الأعمالِ إلى رسولِ اللهِ ﷺ أدْوَمَها وإنْ قَلَّ، وكان إذا صلَّى صَلاةً أثْبَتَها، وقال يَزيدُ: حَصيرةٌ نَبسُطُها بالنَّهارِ، ونَحتَجِرُها باللَّيلِ.

شعيب الأرنؤوط (ت ١٤٣٨)، تخريج المسند ٢٤٣٢٢ • صحيح

ابدأ واحضر ورقة وقلم، حمِّل أبليكيشن لها علاقة ببناء العادات أو بتنظيم الوقت، ويا ريت تكتفى ببرنامج واحد لكي تمنع نفسك من التشتت، ابدأ خطط من تانى كيف تملأ كوكب الفراغ _عمرك وصحتك_ الذي أصبحت مغبون فيه، وكيف تستثمر وقتك في تطوير نفسك لمصلحة دينك ونفسك وأهل بيتك وعملك وأقاربك، ولا تنسى أى ركن من أركان حياتك لتعمل عليه وتخطط ماذا أنت فاعل فيه؟؟

فكر ثم فكر ثم فكر حتى يؤلمك التفكير.

***

السباحة عكس التيَار

أتتذكر الممثل الذي صعدت به بنفسك على خشبة المسرح وهو ناسى أصلا ما هى تفاصيل السيناريو الخاص به، وكيف يقوم بتمثيل شخصية هو لا يتذكر ماذا كان من المفترض أن تقوله وكيف كانت تتصرف وكيف هى طريقة كلامها؟! أتتذكر؟

قد آن الأوان أن تجلس في جلسة تفكير هادئة، بعد ما خرجنا من فقاعة حلم الخروج من كوكب الفراغ، اجلس وابدأ وفكر كيف ستبنى ملامح شخصيتك الجديدة؟ وما هى الصفات والعادات التي تحبها في نفسك لتستغلها لكي تستثمر صحتك وعمرك؟ وما الذ لا يعجبك في نفسك لكي تبدأ في إيجاد حلول بديلة لكي تتخطى الساعات الأولى للإقلاع عن إدمانك للعادة السلبية التي تريد التخلص منها على خير بإذن الله، ولا تنسى أنك في كل لحظة لا حول ولا قوة لك إلا بالله، فاطلب منه العون والمدد وقت الضعف، وستجد والله السكينة كجند من جنود الله ملأت قلبك هدوء وراحة بال ورضا مهما اشتد وطال البلاء.

وبالنسبة لعم اللِّمض _كثير الجدال وهو على باطل_ الذي أسمعه داخلك بيقول ما كان الدَّاعى لوجود ضياء وبيته وفى آخر الأمر تصبح القصة فقاعة حلم؟!

الزتونة يا لِمِض..

إنى لا أريد لنا أن نكون مثل ناس كثيرين استسلموا للواقع، عايشين وخلاص، تائهين داخل حياتهم وبيوتهم وفى الآخر سيجدوها فقاعة بتفرقع في وجوههم، تائهين داخل أنفسهم، وأنفسهم قد أتاهتهم في ساعات عمر تموت دقائقه حزنا على ما يفوت منها بلا هدف، تائهين داخل أوقات فراغهم بمشاهدة من حولهم، سواء أكان من حولهم _ممن يضيعوا عمرهم في مشاهدتهم_ ناجحين فعلا أم تائهين مثلهم داخل أنفسهم شُغفوا بدنياهم فأضلتهم وَالعياذ بالله.

والفارق الوحيد ما بين ضياء ومن مثله ممن يريدون أن يفشلوا بنجاح وبين الأكثرية من سكان كوكب الفراغ إن الآخرين هم مشهورين فقط، شهرتهم زائفة كأفراحهم وأحزانهم؟!!

سطور ستُزعجِك يا صديقي

أمازلت تقرأ بدون أن تكتب أى شخبطة تخطيط حتى وإن كانت في ركن واحد من أركان حياتك وهو ركن علاقتك بمن خلقك كبداية لعله يرى منك جهد فيرزقك الهداية والسداد في أركان حياتك الأخرى ويوفقك لتزكية نفسك بما فيه الخير لك.

أكلمك بصدق جادًا؟!!

أُذَكِّرك يا صديقى بأن الهدف ليس إن تفرح فرحة زائفة بإنتهاءك من قراءة الكتاب، ولا حتى إنك تستمتع بما في سطوره فقط، صدقنى أنت وأنا من نخسر بعدم تخطيط حياتنا.

كوكب الفراغ مازال يدور كما هو بساكنيه، مازال بيدُور بهم كعادته، مثل كل يوم؟!! فتأمل.

* * *

إسأل مجرب

الحمد لله صديقك العبد لله من بعد أن أكرمنى الله عز وجل بالإقلاع عن عادات سلبية كنت أعاقب بها نفسى وحرفيا كنت غارق فيها لسنوات، هدانى الله عز وجل إنى أبدأ أنظم يومى لكي أكسر سلاسل الملل التي كانت تقيد فكرى، أو يمكن لكي أعود مرة أخرى لقوتى من بعد أن كانت تحكمنى لحظات ضعفى، فالحمد لله أنى طبّقت ما ألهمنى به ربى.

﴿ وَعَصَىٰ ءَادَمُ رَبَّهُ فَغَوَىٰ ﴾ [طه ١٢١]

﴿ثُمَّ ٱجْتَبَـٰهُ رَبُّهُ فَتَابَ عَلَيْهِ وَهَدَىٰ﴾ [طه ١٢٢]

تعلَّمت وقتها من خلال فيديو شاهدته على قناة (على وكتاب) على اليوتيوب جزاه الله كل الخير عنى، كان الفيديو بعنوان (قوة العادات) إن هناك عادة أسماها بالعادة المحورية؛ تكون تلك العادة مثل حجر الأساس لكل العادات، أيا كانت ظروفك التي تمر بها والضغوط التي تتعرض لها من نفسك التي أدمنت راحتها، ومن الدنيا بإغراءاتها، ومن الشيطان بوساوسه لكي يغويك لتهوى مرة أخرى كالغريق في بئر ضعفك، أيا كان وضعك يا صديقى تكون تلك العادة غير قابلة للتخلى عنها لأنها بتكون حجر الأساس الذي تبنى عليه كل عاداتك، ووقتها أكرمنى ربى بأن تكون تلك العادة المحورية بالنسبة لى هى الصلوات الخمس في أوقاتها، فمنوغير المعقول يا صديقى أن يكون صريح كلام الله عز وجل في كتابه إننا والجن قد خلقنا للعبادة..

﴿وَمَا خَلَقْتُ ٱلْجِنَّ وَٱلْإِنسَ إِلَّا لِيَعْبُدُونِ﴾ [الذاريات ٥٦]

((هذه الغاية، التي خلق الله الجن والإنس لها، وبعث جميع الرسل يدعون إليها، وهي عبادته، المتضمنة لمعرفته ومحبته، والإنابة إليه والإقبال عليه، والإعراض عما سواه، وذلك يتضمن معرفة الله تعالى، فإن تمام العبادة، متوقف على المعرفة بالله، بل كلما ازداد العبد معرفة لربه، كانت عبادته أكمل، فهذا الذي خلق الله المكلفين لأجله، فما خلقهم لحاجة منه إليهم.)) **تفسير السعدى**

وإن الفرق بين المسلم والكافر الصلاة كما قال رسول الله صلى الله عليه وسلم..

[عن بريدة بن الحصيب الأسلمي:] **العهدُ الذي بينَنا وبينَهم الصلاةُ، فمَن تركَها فقد كفرَ.**

مجموع فتاوى ابن باز ١٠/٣١٠ • **إسناده صحيح** • أخرجه الترمذي (٢٦٢١)، والنسائي (٤٦٣)، وابن ماجه (١٠٧٩)، وأحمد (٢٢٩٨٧)

وإن أحب العبادات لله هى الصلوات المفروضة علينا نتقرب بها إلى الله ونكثر بعدها من النوافل ليحبنا الله كما ذُكر في الحديث النبوى..

ما تقرَّبَ إلى عبدي بمثل أداءِ ما افترضتُه عليه، ولا يزالُ عبدي يتقرَّبُ إلى بالنوافلِ حتى أحبَّه.

ابن تيمية (ت ٧٢٨)، مجموع الفتاوى ٤٩٢/٧ • صحيح •

فهل من بعد أن أكرمنى ربى بكل ذلك العلم أترك نفسى لاهيا ولا أصلى؟! كيف سأرفع يدى لله وأطلب منه ما أبغيه من الدنيا وأنا في الأصل لست بعبد مطيع له في أوامره بداية من الصلوات الخمس المفروضة التي هى ثانى ركن من أركان الإسلام بعد الشهادة.

فمادام الصلاة أمرها عظيم الشأن كما ذكرت فسوف أوقف حياتى عليها حرفيا، سوف أرسم يومى ومقابلاتى ومواعيدى واهتماماتى على حسب مواعيد الخمس صلوات المفروضة علينا، وعدَّدت النوايا لله عز وجل، إنه بصلاتى يقبل توبتى، وبها يدخلنى في عباده الصالحين، وبها يرحم ضعفى ويبعدنى عن وحل الإدمان والعادات السلبية التي كانت أغلبها إن لم يكن كلها حرام وأصبحت أمارسها عادى كعادات لى والعياذ بالله، عدَّدت وقتها النوايا بإن يارب أكرمتنى بفكرة أن أجعل صلاتك العادة المحورية في حياتى، فيارب اِبْن لى عليها العادات التي تكون فيها خير لِيا ولوالدىَّ ولأهل بيتى ولكل من حولى يارب العالمين.

وبدأت رحلة الانضباط الجميلة، رحلة أغلبها انتصارات على النفس، كنت مشغولا فيها بعبادة ربى، وربى آتانى من كل ما سألته سبحانه خزائنه ملأى لمن يدعوه..

﴿وَءَاتَىٰكُم مِّن كُلِّ مَا سَأَلْتُمُوهُ وَإِن تَعُدُّوا نِعمَتَ ٱللَّهِ لَا تُحصُوهَا إِنَّ ٱلإِنسَٰنَ لَظَلُومٌ كَفَّارٌ﴾ [إبراهيم ٣٤]

بدأت رحلة الأنس بالله، والاستعانة به سبحانه، والتخطيط معه، كنت أكلمه في كل خطوة، في كل حركة أستخيره فيها، ليس معنى ذلك إنى لم أكن أستشير من حولى، لا طبعا، ولكن سبحانه كان يدبر لى من الأسباب التي بها لم أكن أحتاج والله أن أسأل أحد، كان الجواب بيأتى إلى قلبى بفضله سبحانه وتعالى من خلال رسائله أثناء قراءة وردى من القرآن الكريم، رسائل تهدينى وترشدنى لما يحبه ويرضاه فاللهم لك الحمد ولك الشكر.

كان الأسبوع بينتهى وأنا مدرك ماذا فعلت فيه، كان كل شهر لى فيه هدف جديد دينى ودنيوى، وعادة إيجابية جديدة أصبر بممارستها بحول الله وقوته على ضعف نفسى وقلة حيلتى، كانت نفسى متقبلة ومطيعة بفضل الله وحوله وقوته، عملت جدول ال ١٠٠ يوم تتبع لعاداتى، وطبعت ورقة لكل عادة لكي أستطيع أن أركز فيها بشكل جيد، وأتابع تقصيرى فيها وأعوضه لكي لا أترك فرصة لنفسى إنها تتعود على التسيب والاستهتار من تانى، كفاية ما قد فات من عمرى وما هو آت أفضل بفضل الله.

ومثلما أبونا آدم نسى وأكل من الشجرة فإنى نسيت وقل عزمى..

﴿وَلَقَد عَهِدنَا إِلَىٰ ءَادَمَ مِن قَبلُ فَنَسِيَ وَلَم نَجِد لَهُ عَزمًا﴾ [طه ١١٥]

والأمد طال، فقسى القلب وألفت نعم الله فجحدتها، وبدأ الشيطان يخفيها عن عينى، بدأ يلهينى بالمفقود ويغوى به قلبى لكي يزداد العبد الكنود لربه والعياذ بالله كنودا فوق الكنود كما هو موجود في طبعى وفى طبع كل واحد منا، العبد الكنود الذي لا يشكر ربه على نعمه يألف النعم فلا يكاد يراها، اعتدت عليها وألفت وجودها وكأنها ملكى ومن حقى ونسيت إن مالك الملك يؤتى الملك من يشاء وينزعه ممن يشاء سبحانه جل في علاه، وكما أوضحت لك من قبل إن الكفر بنعم الله له عقوبة ولله الحمد على كل حال.

بدأت النعم تتسحب منى النعمة تلو الأخرى، وأنا لا أرى ولا أسمع، كالأموات وأنا على قد الحياة، أعيش غير عابئ ولا حتى يشغل

لى بالا، كنت وقتها أشعر إن لا يوجد لى حول ولا قوة من صاحب الحول والقوة على المحافظة على ما تبقى من نعمه والعياذ بالله؟!

حالة من الصعب وصفها أكثر من ذلك، لأنى فعلا بسببها كنت أكره نفسى جدا، وأعاتب روحى أنى سمحت لشيطانى إنه يبعدنى ويضحك عليا بهذا الشكل!!

الزتونة..

إطبع ورقة تتبع لعاداتك، حمِّل تطبيق لها على الموبايل، أو صمِّم انت ورقة خاصة بك، المهم أن تبدأ تخطط ولا تسوِّف، خطط بالمتاح، وتذكَّر إن سقوطك كان قد طالت مدته، فعندما تعود مرة أخرى لن تضع هاتريك في شباك ضعفك من أول محاولة، هذا وارد ورحمة الله واسعة وهو عليه هين، لكن الأسباب المتاحة على الأرض وسنة الله في كونه بالتدرج لا تقول بإنك ستمشى بخطوات ثابتة من أولى محاولاتك، ما عليك أنت يا صديقى إلا أن تقوم وتأخذ بالأسباب ولتبدأ بالعادة المحورية التي ستبنى عليها كل عاداتك فيما بعد، ولا تنسى أن تُعدِّد النوايا لكي يزداد الثواب، كن ناصح مثل صحابة رسول الله صلَّ الله عليه وسلم، اختار العادة السلبية وابدأ بها، والعادة الإيجابية المحورية التي ستصبح أساس لكل عاداتك.

ويا سلام إن كانت تلك العادة المحورية لها علاقة بربنا سبحانه وتعالى، صدقنى هتفرق جدا في حياتك فلا حول ولا قوة لنا يا صديقى إلا بالله.

وتذكَّر جيدا النقطتين المهمين جدا التالى ذكرهم في السطور القادمة:

١-الهداية فضل منه سبحانه وتعالى: ربنا عندما ينعم عليك بالثبات على الطاعة التي اخترتها لكي تكون عادة محورية تبنى عليها باقى عاداتك، مهم جدا إنك تكون عارف إن هذا فضل من الله عز وجل، اجتباك وهداك لكي تفعل ذلك، هو الذي اختارك برحمته وفضله وأوحى إليك عن طريق لمة الملاك المصاحب لك إنك تصلح من نفسك،

﴿ وَلَوْلَا فَضْلُ ٱللَّهِ عَلَيْكُمْ وَرَحْمَتُهُ مَا زَكَىٰ مِنكُم مِّنْ أَحَدٍ أَبَدًا وَلَٰكِنَّ ٱللَّهَ يُزَكِّى مَن يَشَاءُ وَٱللَّهُ سَمِيعٌ عَلِيمٌ ﴾ [النور ٢١]

هداك بأن تكون غير حابب شخصيتك القديمة التي لوثت فطرتها، وبعدت عن تعاليم دينها، وعن الحلال والحرام، أصبحت تمشى وراء هواها وهوى من حولها حتى لو كان مخالف لكتاب الله وسنة رسوله والعياذ بالله، مضر أم صالح ليس بالمهم، المهم إننا ننبسط ـ نفرح ـ ونفرقع فقاعات السعادة فقاعة تلو الأخرى بحثا عن السعادة الوهمية التي تكلمنا عنها من قبل؟! (والعياذ بالله من الاستسلام لهوى النفس).

﴿أَفَرَءَيْتَ مَنِ ٱتَّخَذَ إِلَٰهَهُ هَوَىٰهُ وَأَضَلَّهُ ٱللَّهُ عَلَىٰ عِلْمٍ وَخَتَمَ عَلَىٰ سَمْعِهِ وَقَلْبِهِ وَجَعَلَ عَلَىٰ بَصَرِهِ غِشَٰوَةً فَمَن يَهْدِيهِ مِنۢ بَعْدِ ٱللَّهِ أَفَلَا تَذَكَّرُونَ﴾ [الجاثية ٢٣]

إياك أن تحوّل الطاعة لعادة وتفعلها بدون تركيز وبلا وعى، مجرد حركات وبتأديها وخلاص، وخصوصا الصلاة ولقاءك بالله عز وجل، وقراءتك لوردك من القرآن وهو كلام الله الذي طرفه بيدك وطرفه الآخر بيد الله، وهو توجيهك الحقيقى في الدنيا، والبوصلة التي ترجع لها عندما تتوه، **وصدقنى احنا بنتوه كتير لولا رحمة ربنا بنا سبحانه الرحمن الرحيم**، يعنى دائما تشغل بالك بشكر الله عز وجل على كل خطوة تخطوها بفضله لكي يزيدك من فضله..

﴿وَإِذْ تَأَذَّنَ رَبُّكُمْ لَئِن شَكَرْتُمْ لَأَزِيدَنَّكُمْ وَلَئِن كَفَرْتُمْ إِنَّ عَذَابِى لَشَدِيدٌ﴾ [إبراهيم ٧]

٢-**الوقت الكافى لتثبيت العادة:** عندما كنت أقرأ عن المدة الكافية لكي تثبت عادة جديدة داخلك، لكي تفعلها بشكل تلقائى، أو تغيير عادة سلبية لكي تنساها وتستبدلها بعادة أخرى إيجابية ترضى بها الله عزوجل، في وسط قراءاتى وجدت إن المدد المذكورة متفاوتة، وصراحة لم أحب أن أذكر هنا أرقام لأنى مثلما ذكرت لك في عنوان هذا الفصل بأنك الآن بتسأل مجرب، فقد جربت أكتر من طريقة وهحاول قدر استطاعتى أن أدلك على معالم الطريق لتثبيت العادة والله حسبك ووكيلك.

أول وثانى وثالث ومليون العبادة ليست عادة، هى لقاء وتواصل بينك وبين ربك واستحضار القرب منه، والأنس بقرب القلب منه سبحانه وتعالى، وتلك الحالة إن أحببتأن تتعرف عليها أكثر حاول تقرأ أكثر في كتب عن أسماء الله وصفاته، وكتب عن كيفية تدبر القرآن وأحيلك في هذا الموضع إلى موسوعة أسماء الله الحسنى لدكتور راتب النابلسى

وإلى كتاب المراحل الثمان لطالب فهم القرآن، واسمح لى يا صديقى أن أحيلك على كتابين للفقير إلى الله أتمنى إنهم يضيفوا لقلبك ولو جزء بسيط من معانى القرب من الله عز وجل وهما بعنوان رسايل ربانية، والآخر بعنوان نفحات من الرحمن في تدبر القرآن.

لنكمل النقطة الثانية بإن لا يوجد وقت محدد لبناء عادة إيجابية جديدة أو للإبتعاد عن عادة سلبية، فهناك تفاصيل كثيرة بيعتمد عليها هذا الجواب؛ مثل طول مدة صداقتك مع العادة السلبية، وعدد المواقف التي تثير عقلك لتفعلها بشكل لا واعى، وسهولة أو صعوبة فعلها بالنسبة لك، وكم المعلومات التي عرفتها عن أضرارها وأخطارها، ودرجة شغفك إنك تقلع عنها، لكي تصل للشخصية التي تتمنى أن تعيشها، وغيرها كتير من التفاصيل.

الزتونة..

فى البداية لا تشغل بالك بالنتائج، ركِّز فقط على
الإستمرارية في ممارسة عاداتك الإيجابية

لا تجعل مخك يضحك عليك ويقولك دعنا اليوم لا نفعلها ولنبدأ من الساعة ١٢؟! (أم دعنا نبدأ من أول الأسبوع؟! أو من بعد عيد ميلاد ممدوح؟!

ابدأ حالا واحذف من قاموس كلماتك (بكرة أو بعدين
أو لما أفوق من...، أو لما المشروع ده يخلص، أو لما
ولما ولما.....، احذف كل هذه الجمل)).

وصدقنى كل كلمة من هذه الجمل إن تركت مخك يقنعك بالبداية بعدها ستجد ((لمَّا)) ثانية بعدها ووقتها نسبة إقناع مخك لك ستزيد، لأنه سيخرج من درج ذكرياته معك تاريخ من الفشل في عدم القدرة على التغيير، والذى طبعا لمن مذاكر منا ما قلنا في أول فصل إن الفشل الذي فات بالنسبالك خلاص هو وأمه وأخته قد مات. ركِّز مع الجوابات التي تأتيك من نفسك ومن مخك لكي تؤجل التغيير وتؤخر التوبة

خطَّط..
ضع هدف واضح..

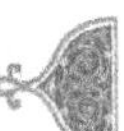

ويكون محدد بجدول زمنى..
ولا تجعل مخك الكسلان يضحك عليك..
وابدأ فورا يا صديقى

الكلام من ذهب

((أظهرت الدراسة التي أجراها علماء من جامعة ميريلاند الأمريكية لتؤكد معطيات سابقة تشير إلى ان المرأة تلفظ حوالي 20 ألف كلمة في اليوم، بينما لا يتجاوز عدد الكلمات التي يلفظها الرجل 7 آلاف.))
موقع أر تى أرابيك

بعيدا عن المقارنة التي أراك وأنت تقرأ المعلومة ظهر أمام عينك شريط ذكريات رهيب لكّم من المكالمات التليفونية بين والدتك وخالتك أو بين والدتك وأى حد من أقربائكم، تلك المكالمة التي أحيانا كانت بتنتهى إن أحد منهم يريد أن ينام أو ذاهب ليحضر الطعام، ثم قليلا ونعود؟!

بعيد عن تلك المقارنة وغيرها من المقارنات التي قفزت إلى خيال كل شخص منكم، فليس هذا هو الهدف من الخبر، تخيل يا صديقى إن في ناس تعودت إنها تتكلم تقريبا في حدود المتوسط لعدد الكلمات التي يتكلمها الرجال والنساء في اليوم والتى تكون في حدود ١٢٠٠٠ أو ١٣٠٠٠ كلمة كل يوم؟! ألأنت مدرك حقا لحجم الوقت الذي نستغله في الكلام يوميا؟!

تخيل لو الكلام أصبح بفلوس دهب؟! بمعنى أنك ستتحاسب على الكلمة!! سيكون لك عدد كلمات محددة في اليوم مثل باقة دقائق الموبايل؟!

ما الذي يمكن أن يحدث إذا حدث ذلك؟ ستجد الصمت سحاب قد غيم على أغلب تجمعاتنا، الكل بيتكلم بحساب، خائف على فاتورته لتأتى غالية، أو محافظ على قليل من الكلام لأهل بيته، لكي يستطيع أن يتكلم معهم قليلا، وهناك من تجده يجعل أغلب كلامه لعمله، ومنا من يحتفظ به للدراسة، وهناك الشخص الناصح الذي يقَسِّم كلامه على حسب أولوياته؛ بمعنى مع من سأتكلم؟ ومتى؟ ولماذا؟ وهل من الممكن تأجيل

الكلام معه لوقت آخر؟ بمعنى هل هناك أحد غيره أولى بكلامى معه اليوم؟

وغيرها الكثير من الأسئلة التي لو ركزنا في مجملها سنجد أنها أشبه بنوتة تخطيط لليوم لكي نستغل نعمة الكلام التي أنعم بها الله علينا لمجرد فقط أنه قد تم تقييدنا بعدد محدود من الكلمات، وهذا معناه إن أغلب كلامنا يكون بدون داعى ولا لزوم له، كلام في اللاشئ، كلام بنضيع به الوقت وخلاص؟!

لو طبقنا النوتة الفائتة على الوقت، وخصوصا إننا انتهينا من الكلام في الفصل السابق على أهمية التخطيط والبدء في التنفيذ لإصلاح أنفسنا لكي نصل بأنفسنا إلى أفضل نسخة نموذجية نستطيع أن نصل إليها وفقا لإمكانياتنا وظروف حياتنا ووفقا للمحيط الذي نعيش فيه، تخيل معى يا صديقى إذا طبقنا هذا الكلام على الوقت كيف سنستغله حينئذ؟ وما هو حجم الأهداف التي سيتم إنجازها والانتهاء منها؟ وما هو كَمْ المهام المركونة بحجة تنفيذها بكرة ولاَّ بعده التي سيتم إنجازها؟ لكن يا صديقى بالنسبة للمبة الحمام التي باظت!! ولاَّ المروحة التي باظت أيضا سنة ٢٠٠٩ دى حاجات بنفضل نتسأل عنها كرجالة لكي نرد على سؤالها بكل ثقة بكرة أو بعده أو في خلال هذا الأسبوع؟! هذه الإصلاحات بأسئلتها وجوابها تشبه جملة (صباح الخير يا أحمد)، ليرد أحمد بجملة (صباح الفل يا طارق)، هذه الإصلاحات تشبه حوارات يومية لابد من تكرارها مهما طالت عليها السنين؟!!

المهم يا صديقى فهذا ليس موضوعنا، سامحنى لو كنت أشرد قليلا في مواضيع جانبية، بس الصراحة أصله سؤال يغيظ؛ مروحة بايظة من سنة ٢٠١٢ ونحن أصبحنا في ٢٠٢٣ يعنى بقالها ١١ سنة بايظة، لماذا يا زوجتى العزيزة تكسرى من نفسيتى بإنى اتسأل عنها كل يوم؟! وكأنى راجل مريض بالزهايمر وبنسى؟! لماذا لا تعملي انتى نفسك مصابة بفقدان ذاكرة وتنسى إننا نملك هذه المروحة من الأساس؟!!!

نرجع لموضوعنا يا أخى بقى إتلم شوية إنضبط قليلا !!

فى الفصل الفائت حكيت أكثر عن التغيير من وجهة نظر عملية، عن تجربة شخصية مررت بها على مدار سنين، نجحت وفشلت أحيانا، وفشلت بنجاح أحيانا أخرى، لكنى بفضل الله في كل مرة كنت أراقب

نفسى لكي أدرك المشكلة وأحلل أسبابها لكي أوجد لها حلول وأكمل من ثانى في طريقى في إصلاح نفسى، وعينى على كل ركن من جوانب حياتى، لن أقول لك إنى الجنى أبو عين إزاز _ كناية عن من يُظهر للآخرين أنه يعرف كل حاجة _ ولن أقول لك إنى كالساحر الذي يمتلك بلورة يعلم بها الزتونة _ اللى بتجيب من الآخر _ التي تشفى العليل وتجلب الحبيب وترد المطلّقة، لا وجود لهذه التخيلات يا صديقى.

أعتقد إن الحياة من ضمن مزاياها مزية نقل خبراتنا إلى بعضنا البعض لأن نفوسنا مع اختلاف طبائعها وعاداتها في الأصل تكون فطرتها واحدة، وكلنا داخلنا الشخص المؤدب الذي يريد أن يكون شاطر ومتميز في كل المجالات لنفسه قبل ما يكون للناس، وكلنا كذلك بداخلنا الشخص الفاجر الذي يريد أن يفعل ما يحلو له وقتما يحلو له بسبب وبدون سبب، وبدون أن يراه أحد أو يتم معاقبته بفعله هذا في الدنيا ولاّ في الآخرة؟! عافانا الله وإياكم.

﴿وَنَفْسٍ وَمَا سَوَّاهَا ۝ فَأَلْهَمَهَا فُجُورَهَا وَتَقْوَاهَا ۝ قَدْ أَفْلَحَ مَن زَكَّاهَا ۝ وَقَدْ خَابَ مَن دَسَّاهَا﴾ [الشمس ١-١٠]

﴿بَلْ يُرِيدُ ٱلْإِنسَانُ لِيَفْجُرَ أَمَامَهُ﴾ [القيامة ٥]

(يريد أن يبقى على الفجور فيما يستقبل من أيام عمره) التفسير الميسر

وكل ما أحاول أن أقدمه إلى نفسى أن أُذَكِّر روحى بوقت كنت فيه بحول الله وقوته متحكم في نفسى بالشكل الذي يرضى ربى عز وجل، كنت أحسب نفسى في هذا الوقت على خير ولا أزَكِّى نفسى على الله، كنت مسلم عاصى تائب يريد أن يعوض ما فاته من عمره عندما كان علاقته بالإسلام لا تتعدى مجرد خانة الدين في البطاقة والسلام عليكم ورد السلام، مثلى مثل الكثيرين من المسلمين عافانا الله، كنت ميت وربنا بفضله أحيانى، فأحببت لإخوتى الذين لم ألقاهم أن يقربوا أكثر وأكثر من الله لكي يدركوا ما فاتهم ويسرعوا في محاولة تعويضه.

كل ما أحاول أن أقدمه إلى نفسى هو مجرد نقل خبرات لروحى بتذكيرها بمواطن قوتها لكي أستطيع أن أنهض من جديد وأفشل بنجاح من بعد استسلام دام لسنين.

هى أيضا محاولة منى لنقل خبراتى في فشلى إليك يا صديقى سواء أكنت صغيرا أو شابا أو كبيرا في السن، فلا يلزم أن تكون أنت بشكل شخصى قد مررت بنفس تجربة الفشل المؤلمة أو ببعض تفاصيلها، يمكن شخص قريب منك بيمر بها، فتستطيع من خلال سطور هذا الكتاب أن تداوى جرحه وما ألم به من الفشل وأن تدله على الطريق، لعل كلمة في وسط سطر من صفحات هذا الكتاب تهديكم لتبدؤوا بتغييره، أو تغيير أنفسكم.

هى محاولة من قلبى لنقل خبرات سنين في عادات أدمنتها وعانيت منها، والحمد لله ربنا أكرمني بطول الابتلاء بها وبكثرة السقوط والتعثر ولعل ذلك كله كان من أجلك، من أجل قلبك لعلَّك تجد في وسط هذه السطور كلمة أو جملة أو فكرة تنير بداخلك الطريق لتبدأ تخطو أول خطوة في طريقك لله، لتبدأ ولو بخطوة في طريقك لإصلاح وتغيير نفسك، لتبدأ في ثورة إصلاح لكل ركن في حياتك، لتبدأ تعيش الشخصية التي تريد أن ترى نفسك بها بسيناريو مكتوب بشكل واضح، سيناريو تحفظه بشكل جيد لكى تستطيع أن تؤديه وبالتبعية تعيش الواقع الذي تحلم به، وتَذَكَّر يا صديقى إن الكمال لله وحده، نحن فقط علينا أن نأخذ بالأسباب ونسعى قدر الوسع وقدر ما آتانا الله جل وعلا من إمكانيات وأدوات إلى الوصول إلى أقرب نسخة نموذجية يرضى بها الله عز وجل عنا.

أطلت عليك حبيبي في الله عُذرا.. أحببت فقط أن أوضح الصفحات التي فاتت بشكل أكثر صراحة، ألم أقل لك أنى أريد أن أُظْهِر نفسى بكل عيوبها أمامى وأمامك لعلى أكون سبب في الخير لك يا صديقى، سبحانه هو الحكيم العليم **وعسى أن تكرهوا شيئا وهو خير لكم.**

قلنا إن الكلام أصبح بفلوس، وهذا سيجعل الوقت
سلعة غالية شئنا أم أبينا؟!

الآن أصبح مطلوب منك أن تخطط جيدا، ولكى لا أرهقك بكثير من التفاصيل لكثير من التجارب نجحت وفشلت فيها، والكثير من الأوراق كتبتها وغيرتها بعدها وأجندات ونوت صغيرة، لكي لا أسبب لك دوشة، ولكى يكون كلامى منظم لك لتفهمه جيدا لأنا هنا بصدد أهم خطوة قبل التنفيذ وهى التي على أساسها سنتحرك ونبدأ، فمهم جدا

عندى أن تفهمها بترتيب وبدون تشتت في المعلومات، أريدك أن تعى جيدا يا صديقى أن ما فات قد سردته لك من واقع تجربتى الشخصية وموقن والله جدا بنتيجته بإذن الله، مادامت أخلصت النية هترضى لا تخف ولا تقلق سبحانه سيعطيك فترضى جل وعلا..

{ وَلَسَوْفَ يُعْطِيكَ رَبُّكَ فَتَرْضَىٰ } [الضحى٥]

أحببت في السطور القادمة أن أنقل لك بعض النقول اليسيرة عن أساسيات البداية، الجميل فيها إنها شاملة التفاصيل بشكل منظم، وهى عصارة تجارب شخص قد جرَّب كل شئ وقرأ كل الأساليب، لكنى أعتقد أن جمال أسلوبها في أنه جامع ما بين الإثنين (التجربة والقراءة)، لم أجد الصراحة أشمل وأجمل وأعم وأبسط من النقول الآتية، وفى نفس الوقت هى مليئة بتفاصيل مفهومة والتى أحببت أن أضعها في فصل منفصل بعنوان.... (ما تيجى نشوف بصوت إبراهيم نصر).

أشوفك الفصل الجاى على خير يا صديقى..

* * *

إسأل طبيب مجرب

((**مبادى ترتبط بالتخطيط:** إذا لم يتمكن الشخص من استغلال وقته الاستغلال الأمثل فهذا يعنى أنه لم يخطط ولم يحدد أهدافه، فإن لم يستطع إدارة وقته وكيف يتصرف فيه فإنه لن يتمكن أبدا من معرفة طرق بديلة للتصرف في وقته، فيجب عليه أن يعرف كل شئ عن وقته من خلال تحليل الوقت والحرص على عمل جدول يومى لنشاطاته، ويجب عليه أن يعد خطة ليومه قبل بداية عمله من خلال التخطيط اليومى، وتحديد أولوياته، وترتيب أهدافه)). _إدارة الوقت لمحمد فوزى الغامدى_

((**خطوات إدارة الوقت:** حيث إن إدارة الوقت هى عملية إدارية بالأساس، لذا فإن خطوات إدارة الوقت تشمل معظم الخطوات الرئيسية في أى عملية إدارية.

" إن العملية الإدارية تتكون من مهام التخطيط والتنظيم والتنفيذ والرقابة، وهذه كلها تحتوى على مهمة إدارة الوقت."

وبوسعنا القول إن خطوات إدارة الوقت هى:

١-**تحليل الوقت:** وذلك بمعرفة المهام المراد إنجازها، وعمل جدولة زمنية لها، وتحديد ما هى الأعمال المهمة وتصنيفها، كما أن تسجيل الوقت يمكننا من معرفة المجالات التي يضيع فيها الوقت.

٢-**تخطيط الوقت:** معرفة ماذا أريد؟ ولماذا؟ وكيف أحقق ما أريد؟ فالحكمة تقول " حدد أين تريد أن تذهب، وسيدلك أحد على الإتجاه."، وكلما كانت الخطط مكتوبة ومفصلة وواضحة كلما زادت فرص تحقيقها، الاعتماد على الذاكرة يفشل الخطط ويضيع الوقت.

كما أن التخطيط الفعال يجنبك أن تقع في زحمة التعامل مع تتابع الأحداث الخارجية، فالأهداف لا تتحقق مصادفة، وإنما بالتخطيط السليم للوقت، ولمعرفة فوائد التخطيط يمكن اللجوء إلى التفكير العكسى: وذلك بتقسيم المهمات الكبيرة إلى خطوات صغيرة، والابتداء بالمهمات الصعبة وجعل أوقات للراحة وتجديد النشاط.

وأيضا هناك حكمة من الأكاديميات العسكرية عن تخطيط الوقت وأهميته تقول:

" أن الجيوش تستطيع أن تسير يوما كاملا، إذا كانت هناك راحة لعشر دقائق".

٣-التنفيذ: كل الخطط تبقى مجرد أحلام على الورق، إذا لم نسارع في تنفيذها، ابدأ بالخطوة الأولى فهى الأصعب كما يقولون وستتوالى الخطوات الأخرى بعد ذلك، ولا تؤجل الأعمال، ضع قائمة المهام الأسبوعية في متناول يدك، وبطريقة تراها كل يوم أن شطب ما أنجزته في يومك يمنحك شعورا بالارتياح ويعزز ثقتك بنفسك.

٤-المتابعة: وهى وسيلتك لمعرفة مدى التقدم الذي تم في الخطة وعن طريقها تحدد الإنحرافات عن المسار المرسوم، وهل يوجد هدر في الأوقات وضياع للجهد؟ إن تنفيذ الخطة اليومية والمتابعة اليومية ضروريان لإدارة الوقت.

السيطرة والرقابة على إدارة الوقت:

إن التخطيط للوقت من أجل إدارة بصورة فعالة، يتطلب عملية تنظيم الوقت وإيجاد أدوات للرقابة والسيطرة، لضمان التأكد أن الأمور تسير حسب المخطط له.

ومن ضمن هذه الأدوات والأساليب التي يمكن استخدامها هى:

١-لوحة المشروع (بورد تبقى أصاد عنيك، أو ورق تعلقه أصادك في مكان متشاف).
٢-روزنامة توقيت التخطيط.
٣-برنامج التحسين الدائم.
٤-برنامج الخلاص من الهدر.
٥-برنامج الأولويات.
٦-البرنامج الأسبوعى.
٧-مفكرة المكتب.
٨-برنامج للتأمل وإعادة التقييم.

" ما أن تبدأ باستخدام لوحة المشروع، وروزنامات التخطيط، وبرنامج الأولويات، والبرنامج الأسبوعى، وبالتالى اليومى، حتى تبدأ بقطف ثمار هذا النظام كل يوم، وستجد نفسك دون تفكير تتبع برنامجك اليومى بكل بساطة".

كل شىء.. حتى المشاريع الضخمة الطويلة الأجل لن تعود ضخمة مهولة حين تنقسم إلى أجزاء صغيرة، ولن يعود هناك ضرورة للقلق بعد التخطيط، فأنت بشخصيتك الجديدة التي تريدها قد فهمت ملامحها، وذاكرت السيناريو الخاص بطباعها وأفكارها وردود أفعالها في المواقف المختلفة، ورسمت بداخلك صورة ذهنية ذاتية لها، وخططت لذلك كله فيما سبق من أدوات تم ذكرها، وأساليب لتمكنك من مقاليد الحكم داخل نفسك أكثر وأكثر..

يا صديقى أنت ستنجز كل شىئ.. خطوة خطوة

ـإدارة الوقت بالمفهوم الاستراتيجى لدكتورة نوال الأشهب بتصرف يسير_

أنظر في ورقتك

رجاءً لا تخف يا صديقى؟!

ربنا بيتولاك طول الوقت بفضله وكرمه عليك

ركز في ورقتك وفى حياتك وفى تخطيطك لحياتك وفقا لأهدافك في الآخرة وفى الدنيا، وكن عبد لله ولا تنشغل بورقة أحد غيرك، سواء أكان على مواقع التواصل الإجتماعى ووجدته ناجح في عمله خصوصا إن كان في نفس مجال عملك أو يكون ناجح في فعل شىئ انت تحلم أن تتقنه، في هذه الحالة يصبح أمامك اختيار من اثنين؟!

الاختيار الأول.. إما إنك تتضايق وتشعر بتقصير وإنك لم تحقق أى شئ (برغم إنك مخطط وماشى في خططك وبتحقق أهداف ولو بسيطة وفقا لاستطاعتك)، وهذه المشاعر بتوصلك لحالة من الإحباط والاكتئاب، وبتحتاج منك بعدها إنك تخفى تلك المشاعر بأى عادة بتعملها لكي تهرب من هذا النوع من المشاعر مثل عادة الأكل بكثرة أو العزلة أو المخدرات، **وليس شرط أن تكون المخدرات حشيش، فأى شئ بتخدر نفسك به لكي تهرب من حالة الإحباط واليأس والاكتئاب بنية الهروب فقط وبدون حتى وجود أى نية للحل عند توافر الشروط السابقة يصبح ذلك الشئ مدرج تحت قائمة المخدرات التي تخدر بها عقلك،** وبتوهم به نفسك إنك أصبحت عادى قد غابت عنك تلك الحالة بمشاعرها، برغم إنك إن فكرت للحظة ستجد هذه المشاعر لا تزال ترهقك، والدليل على ذلك أنك من بعد أن تفيق من جلوسك على المقهى أو يتنتهى مباراة كرة القدم التي تشاهدها أو الفيلم أو يزول مفعول المخدرات بترجع أحزانك وبشدة لأنك للأسف لا واجهتها ولا عالجت أساس وجودها بداخلك.

الاختيار الثانى.. أو إنك تنظر إلى النتيجة أو الخطوة التي فعلها، إذا أنت فعلتها فهل ستضيف إلى حياتك العلمية أو العملية أو الدينية أو الدنيوية شئ؟؟ ووقتها ستقرر إذا كنت هتقدر تدخلها في جدول أهدافك، وبالتبعية تدخل في جدول عاداتك اليومية أم لا؟؟

يعنى باختصار هل أنت محتاج أن تحقق الهدف الذي
حققه أم لا؟؟ وهل هيفيدك أم لا؟؟

لكن تَذَكَّر جيدا إنى لا أقصد بكلامى إطلاقا إنك تضع نفسك في مقارنة مع أى حد، لأن كل واحد منا له قدراته وأهدافه التي يريد أن يحققها، وفى كل واحد منا جانب مخفى الله وحده أعلى وأعلم به، وأكيد النعم التي يتنعم بها فلان من الممكن أنك لن تتحملها إن أتتك، وأيضا فلان هذا عنده من الإبتلاءات التي من الممكن أن تتوه وتفتن بها.

الشاهد.. كل واحد منا مخلوق له ورقة امتحانات خاصة به ونعم وابتلاءات مكتوبة على قدر وسعه وطاقته التي أكرمه بها الله عز وجل، فلا تضيع وقتك إنك تنظر إلى ورق من حولك، وركز في

ورقتك التي سوف تُسأل عنها، عملت خير ستجده فعلت شر ستجده أيضا مكتوب.

﴿فَمَن يَعمَل مِثقَالَ ذَرَّةٍ خَيرًا يَرَهُ ۞ وَمَن يَعمَل مِثقَالَ ذَرَّةٍ شَرًّا يَرَهُ ﴾ [الزلزلة ٧-٨]

لا يوزن غدا الفقر ولا الغنى

ولكن يوزن الصبر والشكى

يحيى بن معاذ

ولأن النفس بطبيعتها أمارة بالسوء، فاحفظ دائما الغريب والقريب منك _ممن يعجبونك في مراكزهم أو مظهرهم أو غير ذلك من حسد نفسك، **احفظهم دائما بدعاءك لهم بالبركة إذا رأيت فيهم شئ أعجبك،** مثل ما سيدنا محمد صلى الله عليه وسلم علمنا في هذا الحديث الجميل..

(([عن أبي أمامة بن سهل بن حنيف:] عَلامَ يقتُلُ أحدُكم أخاه، إذا رأى **أحدُكم مِن أخيهِ ما يعجبه فليَدْعُ لهُ بالبَركَةِ.)).**

صحيح الجامع ٤٠٢٠ • صحيح •

((عَلَّمَ النَّبيُّ صلَّى اللهُ عليه وسلَّمَ أُمَّتَه حُسْنَ الأدبِ في كلِّ شَيءٍ، ومِن ذلك: الدعاءُ بالبركةِ والخيرِ عند رؤيةِ ما يُعجبُ؛ حتَّى تَندفعَ العينُ ولا يقعَ التَّحاسُدُ بين النَّاس.)) _مصدر الشرح الدرر السنية_

وتَذَكَّر إن لك رب كريم حكيم، عليم بحالك، خبير بما ينفعك وما يضرك

فلا تخف وكن مع الله

واسعى.. وهات آخرك في السعى

وتوكل على الرزاق مالك الملك

ومدبر الأمر

{ وَلَسَوفَ يُعطِيكَ رَبُّكَ فَتَرضَى } [الضحى٥]

* * *

ليست رسالة دكتوراه

توضيح صغير لإخوتى، اليوتيوب ملئ بفيديوهات تحفيزية، وأساليب كثيرة لاستغلال الوقت وتنظيمه، مثل الإجابة النموذجية التي تكلمنا عنها فاكرها (يااااااه يا عبد الصمد بصوت بهير في فيلم سمير وشهير وبهير)، وكله على اليوتيوب بيتكلم؛

منهم الذي قرأ بجد واجتهد في تطبيق ما تعلمه على نفسه بأكثر من أسلوب حتى استقر على أسلوب واحد (برغم إن النفس بطبيعتها ملولة فمن اللازم أن ينوع يكى يستمر ولا يمل).

ومنهم الذي قد حفظ كلمتين، ويريد أن يجمع مشاهدات ولايكات وخلاص، ما يقوله في الأصل ينفعك أم لا؟! نفسك هتتقبله أم لا؟! هو لا يلقى لذلك بالًا، هو يشغل باله فقط بفانزاتى فلذات أكبادي متنسوش لايكاتى وكومنتاتى والشير وفعلوااااااا الجرس بلييييييز أبوس إيديكم؟!!!

بنى آدمين مثلنا باختلاف طبائعنا **منهم** من أنعم الله عليه بتزكية نفسه فتجده بيخرج الحلو الذي بداخله، تجده ظاهر في وسط كلامه وفى أسلوبه وفى تعبه في تقديم محتوى جيد وفق قدراته واستطاعته في المجال الذي يفهم فيه، **ومنهم** عكس تلك الشخصية، إنسان متبع هواه وكفى بهواه سبيلًا، هدفه يطلع يقول الكلمتين مع القليل من الجرافيك ومونتاج وحركات في الصوت على قليل من اللايكات المزيفة التي يشتريها ليصبح بعد ذلك عالمى ونجم ووصل للعالمية، وإن هناك ناس في كوكب زحل أصبحوا يقلدوا تصفيفة شعره؟!

بتضحك يا صديقى؟! هو الموضوع فعلا برغم كونه يضحك فهو أيضا يبكى ويحزن إن هناك أجيال قد تربت وكبرت وهى ترى هذه الشخصيات الترينداوية وقد اتخذوهم قدوة؟! ألم أقل لك يا صديقى متقلبش عليا المواجع _ لا تحزننى تلك بتذكر تلك التفاصيل_ وتدخلنى في شارع يحتاج إلى كتاب كامل يكتب عن تلك الحقائق المخزية وليس بضعة أسطر، صدقا تلك الحقائق المخزية تحتاج إلى رسالة دكتوراه يتم تحضيرها بإتقان لكي ندرك كيف وصلنا إلى ذلك الواقع المزرى؟!

ومتى حدث؟! ومن كان السبب الرئيسى؟! أم هى كانت مجموعة من الأسباب التي أوصلتنا لذلك؟! هنا سأسكت قليلا ....

المهم يا سيدى ويا سيدتى (برغم إن ما فات من سطور مهم إن لم يكن أهم لكنه لا علاقة له بموضوع الفصل الذي نحن نجلس بين جنبات صفحاته)

أحببت في هذا الفصل أن أوضح أن هذا الكتاب الذي بين إيديك ليس خلطة سحرية هتقرأ كلامها فتتحول لسوبر أوبر هيرو مان؟! ولا هو من نوعية الكتب التي سأقف فيها أنا وانت نسقف فيها لبعض _ نضرب أيدينا بأيدى بعض _ ونصرخ في وجه بعض بجمل على شاكلة (عاش يا وحش، وانت قوى، وانت قوى، وإن المستحيل نفسه قد قال لى انه مش أدك، والعبد لله مسك الحديد وتناه؟!) هذا الكتاب ليس من تلك النوعيات من الكتب.

بالعكس جدا... بفضل الله حاولت جدا في كل كلمة أن أوضح لك تجارب حقيقية مررت بها، تجارب أعتقد إنها متشابهة _برغم اختلاف التفاصيل_ مع الكثير منكم، مع **الكثير منا،**

ألسنا بنى آدمين مخلوقين من نفس طينة الأرض، كل شخص منا له طباع وصفات طاغية تزيد وتنقص عن الشخص الذي يمشى بجواره.

بنى آدمين مطلوب مننا أن نتقبل ضعفنا ونتوقف عن السعى إلى الكمال الوهمى والجواب النموذجى الموجود في كل ركن من أركان حياتنا في نفس الوقت، نتوقف عن السعى إلى فرقعة فقاعات السعادة ذات اللذة الوقتية، كفانا ذلك السعى الأعمى.

نحتاج أن نركز ونفيق لروحنا من أجل أنفسنا من أجل
من يتعلقون في أعناقنا _ أهل بيوتنا

حاولت قدر وسعى إنى أكون صريح مع نفسى قبل أن أكون صريح معك، جعلت صوتى عاليا وفتشت في أكثر الأماكن المظلمة بداخل نفسى، تلك الأماكن التي صدقا أواجهها أشعر بالتعب، بحكم درج الذكريات الملئ بملفات استسلام لضعفى أمامها، والتى طبعا عقلى _قبل نفسى_ سيستمتع وهو يجعلنى أشاهد ضعفى لكي يريح نفسه وتفضل ريما زى ما هى عايشة بعاداتها وطبائعها القديمة؟!

حاولت أجعلنا ننظر في ورقة حياتنا، نعالج المكسور جوانا وحوالينا، ونرمم روحنا التي تلوثت فطرتها بحكم نفس انقضت على الحكم بداخلي وداخلك في سنوات كثيرة، أحيانا برضانا وبمزاجنا سنين، وغصب عنا سنين أخرى، **سنين من التيه حاولت أن أحكي لك كيف عشت كالميت بداخلها؟**

وكيف دخلت كوكب الفراغ بحول الله وبقوته، دخلته وقد منَّ الله عليا وأكرمني بعادة الصلاة الجوهرية التي بفضله قد ملأت كوكب الفراغ بحياة ارتوت بعادات قرب من الله وإصلاح في نفسى وفى أى شخص أقابله، **كوكب دبَّت فيه الحياة من جديد فأصبحت أركز في تفاصيل تلك الحياة وشوارعها**، من أول الأماكن المظلمة التي أدخلها بنور الله وأزَكِّيها بحوله وقوته، إنتهاءًا بالشوارع والابتلاءات والحكايات والفتن التي أسقط فيها أبغرق، ليرجع بفضله سبحانه وتعالى يجتبيني ويرجعنى لصراطه المستقيم ولله الحمد.

حاولت أن أدخلك الغرفة التي بداخلى، تلك الغرفة المليئة بحكاوى عن ضعفى وخروجى من الجنة التي عشتها بفضل ربى على الأرض مطمئنا بذكره ومستشعرا بمعيته وتوليه وقيوميته، مواجها الدنيا بحوله وبقوته، تلك الجنة التي أطمع في كرمه وعفوه أن أنول شرف دخولها مرة أخرى في الدنيا، وأن يدخلنى بها في الجنة، وأتشرف برؤية وجهه الكريم جل وعلا وهو راضى عنى.

حاولت أن أذاكر قليلا لكي أعرف بفضل الله أن آتيك بكلام علمى يؤكد التجارب التي عشناها في صفحات هذا الكتاب سويا، والتى أدعو ربى أن تكونم معانى سطوره قد أنارت لك معالم الطريق ولو بخطوة واحدة في وسط الظلام الذي لا يعلم عنه إلا الله ثم أنت بحكم أنها ظلمتك.

الزتونة يا صديقى..

هذا الكتاب ليس رسالة دكتوراه، لن تجدنى أذكر فيه أرقام وتواريخ، وتجارب حتى أصل لأفضل جواب نموذجى تمت كتابته في الإنتصار على النفس، وأتركك بعدها إما أن يليق بك محتوى كلامى لتطبقه على نفسك وطبعها، وإما هتعافر أكثر وهتتعب ويمكن أن تمل وتختار الطريق الأسهل وهو الاستسلام لكوكب الفراغ، **إنما هى صفحات**

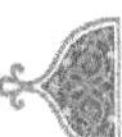

95

حاولت أن أنور لك فيها ملامح أول خطوة في كوكب حياة مطلوب منك أن تعافر لكي تعيشها مثلما تريد وتحلم وتتمنى، ولا ينشغل لك بال بمن سبقك ولا بغيره، ركز في ورقتك لا تنسى ذلك.

الشاهد يا صديقى..

هذا الكتاب حالة كلنا بنمر بتفاصيل منها، يصيبنا التعب تارة، ونتوه تارة أخرى، فربنا أكرمني بكتابته لعله يكون سبب في الخير لى ولك وينير لقلبك الساعات الأولى في كوكب الحياة.. لكي **نفشل بنجاح ونخطو أول خطوة من بعد سنوات التيه المرعبة.**

وصية والدي

رحمة الله عليك يا أبى.. لن أنسى له هذا الموقف أبدا معى في وسط مواقف كثيرة، لكن هذا الموقف تحديدا أقرب لقلبى جدا، وأتمنى أن يضيف لقلبك قليلا من السعى.

قبل أن يتوفى بفترة قريبة _يعنى ممكن تقول كده في خلال الشهر الأخير لوفاته_ ، كنت في حالة نفسية _لا أخفي عليك سرا_ ضباب يا صديقى، ضباب سارح في وسط دماغى مُخرج سخونة أقرب إلى سخونة المازوت الذي يتم رصف الطرق به، كانت الأفكار ساخنة لها لسعة في الدماغ كانت في كثرتها وهياجها كطبقات الأسفلت الموضوعة فوق بعضها، حتى شعرت وأنا جالس إن هناك شخص سيأتى ليدهننى أبيض في أسود مثل الرصيف؟! حالة نفسية أشبه في ألوانها إلى سواد داكن في داخلها، حالة نفسية هى أقرب في مشاعرها إلى مشاعر احتجازى بداخل الغرفة المظلمة المليئة بالفئران والتى كانوا يرهبونا بها ونحن صغار _برغم إننا عمرنا ما رأينا بابها_ لكن الرعب من مجرد تخيلها بخيالنا البكر ونحن في سنوات الطفولة كان يجعلك تكتب الدرس ٣٥ مرة، وتحفظ ما هو مطلوب منك صم؟! هذه الحالة برعبها وهمها وغلبها _وبحطة الإيد اللى على الدماغ من فوق عشان النفوخ ميضربش بصوت سمير غانم في مسرحية المتزوجون_ أزيدك من الضباب أسئلة على شاكلة ((شوف بقى عندك كام سنة؟! عملت إيه في اللى فات من عمرك؟! انت خلاص لجنة الفشل المصرية الألمانية هيخبطوا على باب الشقة حالا عشان يسلموك جايزة أفشل

فاشل في المجرة؟!)) وفجأة الجواب بيكون نافورة من الضغط العالى _الأورجانيك_ في قعر الدماغ من فوق؟!!!!

المهم لكي لا أتوه منك كعادتى.. إذا بمكالمة من والدى رحمة الله عليه بيسألنى على حاجة كنت المفروض أعملها وأغلق المكالمة، بعدها على طول وجدته بيتصل تانى وقال لى في بداية المكالمة هذه الجملة..

((معظم الذين فشلوا في الحياة هم الناس الذين لم يدركوا مدى قربهم من النجاح عندما تخلوا عن المحاولة))

أنا لم أحكى ولم أشتكى ولا حتى نبرة صوتى قد لحظ منها حتى أبسط شئ يدل على ما أمر به من حالة نفسية سيئة في مكالمتنا الصغيرة التي قبلها؟! ووجدته قد افتتح المكالمة بالجملة السابقة، وأنهاها بسرعة بجملة..

((اصبر.. الصابرين بخير))

أستأذنك تسامحنى إنى لن أستطيع أن أكمل كلامى في هذا الفصل، ويارب رسالة والدى تكون وصلت لقلبك.

* * *

اللهم اهدني وسدِّدني

بالحفاظ على الطاعة يُسدد الإنسان

دكتور أحمد عبد المنعم

مهم جدا أن تدرك إنك كل ما أذنبت ربنا هيعاقبك؟!

• **بتسليط نفسك عليك** بإنك تظل تحت سيطرتها، تدور جواها في حلقة مكررة بإنك تعيش لكي ترضيها فقط وهذه كارثة بالمعنى الحرفى للكلمة، لأن النفس بطبيعتها تريد كل شئ وأى شئ طول الوقت، بغض النظر عن كون هذا الشئ حلال أم حرام، هى تريد فوق كفايتها من الدنيا، ومن أجل ذلك ربنا أمرنا بتزكيتها بما فيه الخير لنا، لأنها مهما أخذت من الدنيا لن تشبع!!

• **بتسليط الدنيا عليك**، وهذه متاهة مكتوب أن تظل تجرى فيها بدون حتى أن تأخذ أنفاسك، مكتوب أن تظل تائه فيها وبها ما بين التزامات وترتيبات وأهداف وحاجات أخرى، **أنت بسبب العقاب والله أعلى وأعلم**
بتبقى عارف الصح فين ومش قادر تعمله؟! بتجرى وراء يومك وياريتك تدركه؟!

• **بتسليط الهم والكرب عليك**، بيتم خلقهم جواك بأفكارهم، والتى تكون كافية في حد ذاتها إنها توقفك عن الحياة؟!

يعنى ممكن تكون كل حاجة متاحة معاك وانت لا
تشعر بالراحة بدون أسباب؟! وبدون حتى مبررات
واضحة أو منطقية؟!

بتظل غير مرتاح بهذه الأفكار من جواك ولا تدرى ما العمل لتتخلص من ذلك الشعور بعدم الراحة، وبرغم إن هناك صوت داخلك بتسمعه وبتعر بقلبك إنه بيقول لك على الصح وهو الرجوع من تانى إلى طريق الله عز وجل، لكنك برغم ذلك تظل تائه؟!

الحل.. لازم باب الله عز وجل، أتْبِع السيئة فورا بالحسنة لأن تأخير التوبة من الذنب وتأخير رجوعك تائب إلى الله هو في حد ذاته ذنب يستحق التوبة منه والاستغفار.

تصدَّق.. تصدَّق.. تصدَّق

وافعل خير قدر المستطاع في نفسك بأى طاعة وفيمن حولك، افعل الخير بنية إن ربنا يتوب عليك ويردك رد جميل لطريقه سبحانه وتعالى،

افعل الخير بنية إنه يعفو ويغفر ويرحم،

بنية إنه يهديك مثلما يهدى التائه في الطريق،

ويسدِّدك مثل السهم عندما يسدد ويصل لهدفه،

وهذا هو الفلاح الحقيقى في الدنيا

(([عن علي بن أبي طالب:] قالَ لي رَسولُ اللهِ ﷺ: قُلِ اللَّهُمَّ اهْدِني وَسَدِّدْني، واذْكُرْ، بالهُدى هِدايَتَكَ الطَّريقَ، والسَّدادِ، سَدادَ السَّهْمِ. [وفي رواية]: قل اللهم إني أسألك الهدى والسداد...)).

مسلم (ت ٢٦١)، صحيح مسلم ٢٧٢٥ • [صحيح]

اللهم أنا نسألك الهداية والسداد

✴ ✴ ✴

تَذَكَّر

قاوم ما تحب، ،، وتحمَّل ما تكره

دكتور مصطفى محمود

مؤمن جدا بيقين ثابت إن الهدف الحقيقى من خلقنا في الدنيا إننا نعبد الله عز وجل وحده ولا نشرك به شيئا، لا نشرك في عبادته أى شئ سواء أكان هوى واتباع لشخص، أو عادة لست بقادر على الإقلاع عنها أو حتى حب النفس لشهواتها.

مطلوب منك أن تعيش في الدنيا بدون إسراف لأن الله لا يحب المسرفين، لأنه سبحانه وتعالى خلق الكون بكل ما فيه بقدر، فأى مخلوق يخالف شرع الله ويُسرف حتى فيما أحل الله من نعم مثل الطعام والشراب وغيرها من النعم التي أنعم علينا بها سبحانه وتعالى في الدنيا، **بتكون نتيجة هذا الإسراف عكسية؟!**

الشاهد باختصار.. خذ ما يكفيك بحق الله من رزقك المباح الذي كتبه الله لك في الدنيا، خذ احتياجك الفعلى والحقيقى الذي لا يضرك، والزم طريق طاعته وعبادته وبفعل الخير، خذ بالأسباب قدر وسعك وبقدر ما أتاك الله عز وجل من طاقات جواك، واستحضر النية في كل خطوة لك في الدنيا إنها لله.

إدمن كل ما قول أوفعل يقربك من الله تعالى،

ولا تسرف في غير ذلك.

﴿وَقُل رَّبِّ أَدخِلنِي مُدخَلَ صِدقٍ وَأَخرِجنِي مُخرَجَ صِدقٍ وَاجعَل لِّى مِن لَّدُنكَ سُلطَانًا نَّصِيرًا﴾ [الإسراء ٨٠]

" ما عليك إلا أن تتخلى عن قصتك الحالية التي ترويها لنفسك، وأن تكتب من جديد قصة أخرى تلائم ما أنت عليه في حقيقة الأمر "

جين سينسيرو

((ما جلَس رسولُ اللهِ صلَّى اللهُ عليه وعلى آلِه وسلَّم مجلِسًا، ولا تلا قُرآنًا، ولا صلَّى صلاةً، إلَّا ختَم ذلكَ بكلِماتٍ، قالَتْ: فقُلْتُ: يا رسولَ اللهِ، أراكَ ما تجلِسُ مجلِسًا ولا تتلو قُرآنًا، ولاَ تُصلِّي صلاةً، إلَّا ختَمْتَ

بهؤلاءِ الكلِماتِ، قالَ: نَعم، مَن قال خيرًا خُتِمَ له طابَعٌ على ذلكَ الخيرِ، ومَن قال شرًّا، كُنَّ له كفَّارةً:

سُبحانَكَ وبحمدِكَ،

لا إلهَ إلّا أنتَ،

أستغفِرُكَ وأتوبُ إليكَ))

عائشة أم المؤمنين • الوادعي (ت ١٤٢٢)، الصحيح المسند ١٦١٩ • صحيح

أتمنى من ربنا إنه يجمعنى بيك، عشان نحكى لبعض إزاى ربنا أكرمنا،، وفشلنا بنجاح..

صديقك أحمد فؤاد
أوائل شهر ربيع ثاني، لسنة ١٤٤٣ هجرية
والموافق شهر نوفمبر لسنة ٢٠٢١ ميلادية

* * *

الفهرس

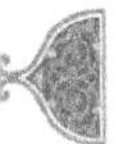